U0522626

对话青年·崛起的力量

30名留学青年
追寻专业前沿的故事

周成刚　孙涛 ◎ 主编

BEYOND
OVERSEAS STUDYING

人民东方出版传媒
People's Oriental Publishing & Media
东方出版社
The Oriental Press

图书在版编目（CIP）数据

对话青年·崛起的力量：30名留学青年追寻专业前沿的故事／周成刚，孙涛主编．—北京：东方出版社，2024.3

ISBN 978-7-5207-2881-2

Ⅰ.①对… Ⅱ.①周…②孙… Ⅲ.①留学生－访问记－中国－现代 Ⅳ.① K828.4

中国国家版本馆 CIP 数据核字（2023）第 237800 号

对话青年·崛起的力量：30名留学青年追寻专业前沿的故事
（DUIHUA QINGNIAN JUEQI DE LILIANG: 30 MING LIUXUE QINGNIAN ZHUIXUN ZHUANYE QIANYAN DE GUSHI）

主　　编：	周成刚　孙　涛
策划编辑：	鲁艳芳　刘晓丽
责任编辑：	黄彩霞
出　　版：	东方出版社
发　　行：	人民东方出版传媒有限公司
地　　址：	北京市东城区朝阳门内大街 166 号
邮政编码：	100010
印　　刷：	番茄云印刷（沧州）有限公司
版　　次：	2024 年 3 月第 1 版
印　　次：	2024 年 3 月北京第 1 次印刷
开　　本：	710 毫米 ×1000 毫米　1/16
印　　张：	16
字　　数：	245 千字
书　　号：	ISBN 978-7-5207-2881-2
定　　价：	59.80 元
发行电话：	（010）85924663　85924644　85924641

版权所有，违者必究

如有印装质量问题，请拨打电话：（010）85924725

编委会

主　编：周成刚　孙　涛
策　划：孙　涛　俞仲秋　李　浚
编　辑：杨　萌　张荷丝

走向世界，拥抱未来的教育

新东方教育科技集团 CEO　周成刚

每当有人问我，为什么总在说国际教育？我都会毫不犹豫地回答，世界在全球化，我们的孩子需要国际化，我们需要和世界交朋友，向世界学习，只有张开双臂、拥抱世界，我们才能融入世界，属于世界，改变世界。也正是基于这一朴素的信念，这几年我坚持探寻世界名校、采访写作、巡讲交流，尽个人之力，倡导国际教育。

为什么越来越多的人选择国际教育

当前，中国家庭对国际教育的需求有大幅度回暖的趋势，留学正在逐步走向平民化。面对这样的现象，很多人会很好奇，为什么大家会不约而同地走上国际教育这条路呢？我想，主要有以下几个原因：

首先，当前人们普遍讨论的主要留学国家和地区主要是指西方发达国家和地区，也包括亚洲的一些发达国家和地区，它们代表着先进的生产力和生产关系，无论在教育、科技、经济或文化方面，都有值得我们学习和借鉴的地方。

其次，今天的留学观念是中国传统教育观念的一种延伸："学而优则仕""教育改变命运"。寻求更好的职业发展，让自己过上美好生活，是中国人几千年来坚定的信念。只不过在全球化发展的背景之下，学习的地域发生了变化，我们从国内走向了国外，到有着不同的语言、文化、观念和教育制度的国家和地区去求学，在世界的舞台上接受全新的挑战。

最后，留学生符合全球化竞争格局下的人才市场需求。留学把我们的孩子变成了一种复合型跨界人才：他们既懂得了中国文化，又理解了西方的一些理念；既会说汉语，又会说外语；既接受了中国传统化的教育，也接受了国外多样化的教育。这样的背景既为他们的职业发展提供了更加广阔的空间，也为他们走上世界舞台赢得了更多的机会。

我为什么倡导国际教育

国际教育的本质是学习和借鉴其他国家优秀的教育实践。从2013年到2023年，这11年里，我带领着团队成员完成了10次世界名校之旅，走访了20多个国家，足迹遍布欧洲、北美洲、大洋洲、亚洲等地区的百余所世界名校，与教师、招生官及不同年龄阶段的中国留学生进行了500多次访谈，感触良多。说实话，不同国家的教育各有千秋，很难一概而论，但到底什么样的教育才是最好的？国际教育为什么如此吸引中国家庭？我觉得，有以下几个重要的原因：

第一，国际教育具有通识教育和全球视野。大多数发达国家或者教育强国，特别提倡通识教育和全球视野，通识教育指的是自然科学、人文科学和社会科学的基本知识框架，这是成为优秀专业人才的必要前提；全球视野就是要把自己的孩子放在全世界的平台上，这样才能登高望远，胸怀世界。因此，很多名校在中学和大学阶段就强调通识教育，让学生有充足的机会了解自己、了解世界，形成清晰的自我认知，然后再去进行专业学习。这样，个人的发展方向会更加明确。

第二，国际教育提升创新能力和批判思维能力。所谓的创新，就是为了达到一个目的想出各种各样的办法，而批判性思维就是在所有这些方法里找出最好的路径。两者珠联璧合，缺一不可。我在走访那些发达国家时发现，单向、填鸭、划重点、死记硬背式的教育越来越少，取而代之的往往是开放、讨论、互动和合作式的教育，教师会引导孩子提问，鼓励孩子挑战，和学生平等对话，教学相长。

如今，我国的经济总量日益提升，发展的速度亦是一日千里，但我们依然面临着"卡脖子"的困境，例如芯片不足、发动机不行、缺少光刻机等，某些关键领域还是要看别人脸色。落后就要挨打，发展就要创新。可以说，创新成为我们国家迫在眉睫的重要任务。这不仅需要营造良好的教育环境，还要从上到下重视对基础教育的投入。

第三，国际教育培养终身学习和可持续发展意识。我们有不少孩子从小学一口气读到了博士，就是为了毕业后找一份高薪的工作，而没有其他的目标。不夸张地说，接受教育的目的背后带有太多的功利主义思想，所以孩子的发展常常后劲不足。没有理想的支撑，我们做什么都很难坚持下去。

当今世界瞬息万变，互联网和人工智能正在改变世界的进程，依靠大学几年的学习就吃一辈子的时代已经不复存在。我们就此采访过新加坡国立大学的校长陈永财教授，他说新加坡的教育始终在求新求变,不会停止变革的脚步。他们为国民提供终身学习的机会。正是因为有了全民学习、终身学习的意识,新加坡这么一个几乎没有任何资源的小国,才得以在亚洲和世界处于领先地位。

拥抱未来的教育

当前,科技革命和产业变革蓄势待发,国际格局正在深度调整,各国产业结构面临重构,世界进入以创新主导发展的时期。在此背景下,国家提出发展新工科、新医科、新农科、新文科"四新"学科建设,它的出现在教育界刮起了一股清新之风,为当下及未来的高等教育发展指明了方向,让高等教育为国家强盛、民族复兴提供人才支撑。我国现在已经步入了高质量的发展阶段,高等教育的发展和国际化人才的培养也该顺应时代的发展大势,和世界发展同频共振。

直至今日,我国每年有几十万人出国、出境学习,国际教育究竟在每个个体上发挥了怎样的影响?他们的留学经历又给他们带来哪些成长和收获?给他们的人生道路带来怎样的改变?为了能更深入地了解这些,自2019年起,新东方连续三年出版针对留学生群体的访谈图书"对话青年"系列。每一年,我们都邀请30位具有留学经历的青年,以不同的主题和视角讲述他们的留学历程以及留学给他们带来的蓬勃力量和人生变化。

如今,"对话青年"系列图书第四部如约而至。顺应国家"四新"学科建设的教育浪潮,书中邀请多位海外留学生和高校教师参与访谈。受邀学子们多为"四新"专业相关或具有多学科背景的硕士、博士留学生,涵盖各个主要留学国家和地区。他们有的人仍在海外院校就读,向着自己的目标稳步前行;有的人则站在职业发展道路的起点上摩拳擦掌,渴望在自己的领域大放异彩。同时,书中还收录了高校老师的亲身经历的故事,他们或是拥有多年海外求学经历,或是有着丰富的高校国际教育与合作经验,在助力祖国加快建设高质量教育体系,增强中国教育的国际影响力,实现教育强国的进程中不断奉献着自己的力量。

全球化的趋势无法阻挡，人们渴望去了解这个世界、探索这个世界、认识这个世界的脚步同样不会停止。我提倡国际教育、国际化视野，是想倡导大家出去看一看，最终的目的还是报国。人才只有走出去、看得远，才能够将自身优势转换为国家发展的不竭动力。我期待有更多的中国学生了解当今世界先进的教育理念及实践，明确自身的发展方向，有机会的话甚至可以亲身去体验他乡的教育。也期待有越来越多的接受过国际教育的学子回到中国，带着多元的文化背景，以全球化的眼光审视中国的发展，为国家的高质量发展贡献自己的一份力量。

人生是旷野，不是轨道。在任何年龄、任何阶段都可以选择去做自己想做的事。国际教育为学子们提供了更广阔的发展空间，一代又一代年轻人将在世界舞台上熠熠生辉。我相信，未来属于这些新时代的年轻人。

目 录
BEYOND OVERSEAS
STUDYING

1 新工科：创新驱动发展

银树焜
本科直博加州理工，想做一个能改变世界的人
———— 002

唐瑞婕
扎根环境工程，致力于调和人类发展与自然环境的矛盾
———— 011

余明沁
保持好奇心和探索欲，全身心投入科技金融领域
———— 019

鲁煜杰
从就读二本院校到赴美学习流体力学，留学带来更多样的人生选择
———— 027

陈依涵
逐梦帝国理工，为助力中国芯片事业发展而奋斗
———— 034

陈宇轩
从高中到硕士，在加拿大打开通往计算机芯片新世界的大门
———— 041

李存霖
以石油化工为前行方向，赴澳探索更多样的人生
———— 049

张雪莹
远赴荷兰，在生物科学领域找到人生方向
———— 059

2 新医科：探索创新高地

黄绮雯
从哈佛到牛津，在癌症研究的道路上一直前行
———— 068

刘思辛
追随科研理想赴美读博，跨越国界开启求知之旅
———— 076

孙泽远
从公共卫生到儿童精神病学，实现自我价值和社会价值是恒久的驱动力
———— 082

邓遥
坚定梦想不懈追求，放弃保研踏上澳大利亚求学之路
　　　　089

杨铠嘉
赴日读博，在医学道路上奋勇攀登
　　　　097

蔡斌元
遵循人生规划的指引，学习公共卫生是实现目标的必经之路
　　　　104

3 新文科：拓展创新思维

张德瑾
"半路出家"的法学博士，坚定自己做出的每一个选择
　　　　114

路堃
非典型留学之路，一步步朝着更高的学术目标进发
　　　　122

张楚旋
从纠结到坚定选择，在爱丁堡大学追随更热爱的媒介研究领域
　　　　131

吴思漫
渴望投身公共政策领域，为更多人带来实实在在的改变
　　　　140

汤春晓
与健康传播结缘，在加拿大沉淀自我
———— 148

张嘉睿
努力与收获成正比，在中国香港拓展国际化视角
———— 156

4 新农科：实践引领创新

南征宇
带着初心出发，助力祖国食品行业崛起
———— 164

韩运泽
源于内心理想追求诗和远方，赴日学习生物资源经济
———— 175

孙晴
两度留学步履不停，努力探寻农业生产和绿色发展的平衡联系
———— 183

5 走进高校：创新人才培育摇篮

聂乔丹
感受英式教育的魅力，投身教育事业联结中外
———— 192

赵宝永
扎进来华留学教育事业,行走在中国与世界沟通的桥梁上
———— 199

胡萌
受益于澳大利亚留学,用国际化理念引领国内外学生
———— 204

时鹏
从赴日留学生到大学教师,不变的是教书育人的初心
———— 212

周珊珊
立足中国,放眼世界,为更多师生推开通往世界的大门
———— 218

唐智余
从留学生到国际处教师,在高校国际交流合作事业中发挥光热
———— 225

韦可儿
在英读硕坚定学术信念,三尺讲台做知识的播种者
———— 232

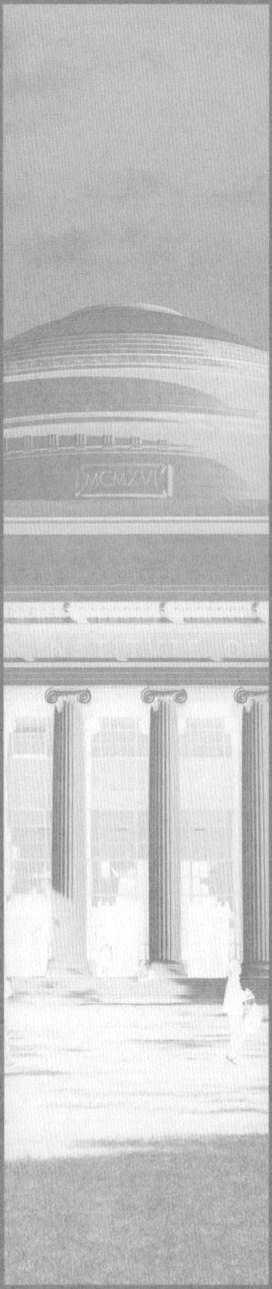
MCMXVI

BEYOND OVERSEAS
STUDYING

1

新工科：
创新驱动发展

银树焜

本科直博加州理工，想做一个能改变世界的人

2012年，正值初中的银树焜第一次接触到了iPhone。相比之前他的还需要通过点触笔来进行触屏操作的手机来说，iPhone超大屏占比及动动手指就能实现多种功能的多点触控技术，让他第一次感受到了科技创新的魅力以及给人带来的震撼，也让他对电子科技领域充满了兴趣，他说："我希望我也能有改变人类生活方式的发明创造。"

留学的念头悄然萌芽

2011年10月，苹果公司的创始人史蒂夫·乔布斯因病去世。随着这位传奇人物的离去，《乔布斯传》瞬间风靡全球，无数人在互联网上、在茶余饭后讨论着史蒂夫·乔布斯曲折而传奇的经历、他与苹果之间神奇的故事。正在上初中的银树焜也看了这本书，深受鼓舞。令他印象最深刻的，便是美国加州硅谷——一个无数人实现梦想、改变世界的地方。

"硅谷真的很神奇，"他激动地表示，"你能想象得到吗？这片地方不大，却诞生了那么多改变人们生活的企业，比如苹果、谷歌。当时我下定决心，未来一定要来这里，要亲眼看看这个神奇的地方。"

虽然只是路过硅谷，但银树焜还是将路牌拍下来留作纪念

理想很丰满，但现实情况摆在眼前，不得不考虑。对于银树焜的家庭来说，美国本科四年花费不菲。"当时有了留学的念头我就开始四处打听，在美国读本科一年大概要花多少钱，算了下，真的是超出家庭可负担范围了。"银树焜认真地说，"美国大学本科拿奖学金相对来说挺难的，尤其是对于国际学生来说不确定因素比较多，我不想给家里人增加那么大的压力。所以我当时就决定，要么就读一个时间比较短的硕士，这样即便全额支付学费和生

活费，家里也能负担得起；要么就去读博，去拿全奖。"

挑战自我，走竞赛的道路

立志高远还须脚踏实地。初中毕业时，银树焜以中考全市第一名的成绩考入当地最好的中学。但即便有着如此优异的成绩，他并没有因此放宽对自己的要求，而是希望能有更多的机会挑战自己。因此，在高中学习期间，银树焜选择通过参与竞赛的方式来继续升学。

我国开设的中小学生竞赛项目种类繁多，其中，不论是在大众眼中还是在学术界，含金量较高的竞赛莫过于"五大学科竞赛"，即数学、物理、化学、生物和信息学这五门基础学科竞赛。五大学科竞赛分为市级、省级、国家级和国际奥赛四个级别，竞赛生需要通过层层选拔才能最终站在世界舞台上。

银树焜最感兴趣的便是物理竞赛。"信息学竞赛理论上讲是最接近电子科技领域的，会学到很多关于软件的知识，但它并不提供硬件知识。要知道，苹果公司的两位创始人乔布斯和沃兹尼亚克都是硬件工程师出身，而五项竞赛只有物理竞赛涉及较多的电子科技相关内容。"谈到当初的竞赛经历，他介绍道。

准备物理竞赛的过程对于他来说是美妙的，"探索知识的同时感觉自己离理想越来越近"。他也渴望能在竞赛上获得好名次，能进入国家队代表中国出战国际竞赛。然而天不遂人愿，银树焜最终只获得了省级二等奖，没能获得进入国家队的机会。这让在学业上一直顺风顺水的他有点受打击。"当时还是有点沮丧的。"他回忆道，"但后来我转念一想，其实有学到知识也不亏啊，参加物理竞赛，让我更加确定了自己的目标与未来方向就是电子科技领域。"

在武汉大学，深度感受学术科研魅力

虽然没能通过竞赛获得保送，或者通过自主招生的方式进入自己最想去的学校，但凭借着深厚的物理竞赛基础，银树焜通过二次招生的方式进入武汉大学弘毅学堂。在这里，他度过了充实满足的四年大学时光。

弘毅学堂是武汉大学唯一的荣誉学院，设立于 2010 年。与大多数高校的院系设置不同，弘毅学堂并没有特别明确的细分专业，而是以学科大类的形式进行教学培养，并且对学生的外语能力有着极高的要求。在这里，英语课老师会使用托福听力材料作为教学素材，并在课堂中教授听力与口语的学习技巧。这样的英语学习和训练都为银树焜日后出国交流学习、备考托福打下了基础。

此外，弘毅学堂还为学生提供了很多海外访学交流的机会。在大一期间，银树焜就利用寒假时间前往英国剑桥大学研学过。在这里，他亲身感受了海外高校的教育模式和理念，与众多国际学生和老师的交流互通、观点的碰撞让他更坚定了自己未来要出国留学深造、前往更广阔舞台的想法。

在剑桥大学研学期间，银树焜在餐厅和一位正在演算天体物理问题的剑桥学生交流 iPad 使用体验

在剑桥大学研学期间，银树焜与导师合影

　　弘毅学堂的另一大特色便是跨学科、跨学院，这就意味着，在这里求学的学生可以接触到各个学院、各个领域的优秀老师。

　　银树焜就曾应电气与自动化学院教授的邀请参加 ABB 杯智能技术创新大赛，与电气学院的同学一起参加"单臂 YuMi 机器人在口腔手术中的应用"大赛并荣获一等奖。因为学院的开放与包容，他遇到了在他的科研道路上举足轻重的指引人——李洋老师。

　　银树焜所学的先进制造专业，是一个非常庞杂、繁大的学科体系，其涵盖的研究方向包括电子信息、计算机、土木和机械等。大三下学期，他在设计与制造（机械原理）课上结识了李洋老师。这位有着英美两段留学经历的老师，不论是在授课还是学术研究方面都有着非常前瞻的思路和理解。银树焜加入李洋老师的课题组之后，李洋老师对他的科研习惯和想法进行了规范，这为他日后进行科研打下了良好的基础。

　　在遇到李洋老师之前，银树焜并没有想过未来要做科研。他曾进行过一些重复性、盲目性的科研尝试，但并没有收获到快乐和成就感。而李洋老师

本科期间做科研的银树焜

告诉他真正的科研不是这样的,"真正的科研是创新的、有影响力的、有意义的"。

在李洋老师的课题组里,银树焜每周都会在组会上和组员们探讨研究思路和各自的研究进度,这是他当时梦寐以求的事情。"并不是所有的课题组都要求每周开会,但李洋老师非常热衷于此,而我也觉得每次参加周会都非常有收获。老师会针对我们本周要做的科研工作进行指导点评,并确定下周的工作方向。这对我明确今后的科研道路和方向起到了非常重要的作用。"银树焜正色道。

在跟随老师做课题的过程中,银树焜逐渐感受到了学术科研的乐趣与成就。在一个暑假里,他们的研究课题有了突破。"那种感觉真的非常奇妙,"银树焜回忆道,"就像是你发现了一个别人没有发现过的东西,那种成就感是我之前从未经历过的。也就是在那时,我有了想要从事科研工作的念头。"

本科直博,走上科研的道路

随着年龄的增长和经历的丰富,银树焜的未来规划和方向有了一定的变

银树焜参与学校创新创业活动

化,但对留学的渴望从来没有动摇过。为了能够帮助自己申请到理想院校,在本科期间,银树焜两次获得国家奖学金,两次斩获全国大学生数学竞赛一等奖,并作为作者之一在 SCI 一区 TOP 杂志 *Nano Energy* 上发表一篇文章。这些荣誉都为他的留学申请奠定了坚实的基础。

然而,就在他开始进行申请准备时,突如其来的疫情席卷全球,留学考试频频取消。银树焜不得不一次次地调整自己的备考规划,同时也不断关注着海外院校的招生变化,这种接连的不确定性让他的申请之路充满了波折和坎坷。

所幸,上天终不会辜负努力的人。凭借着本科期间优异的学业成绩、丰富的科研经历及成果，银树焜获得了斯坦福大学、加州理工学院、普渡大学、卡内基梅隆大学等多所院校的录取，其中斯坦福大学给予了航空航天全奖博士录取，加州理工则是医学与电子工程全奖博士录取。

银树焜青少年时因《乔布斯传》而萌发的留学梦，就这样照进了现实。

在确定学校的时候，银树焜有些犹豫："这个选择当时好难做，斯坦福大学可以说是我的梦想院校，它就坐落在硅谷，是我一直想去的地方，就是专业跟我的理想有些偏差。最后我还是觉得加州理工的录取专业和方向更适合自己。"

一直以来，银树焜都希望能在电子工程领域深耕，而加州理工学院的医学与电子工程则更接近他的愿望。

赴美留学，体验丰富多彩的学习生活

加州理工学院，简称 Caltech，创建于 1891 年，是世界最顶尖的理工类科学研究型学府之一。这座高等学府虽然规模很小，全校仅有 2400 多名学生及 300 多名教授，但校友、教职工中却有 46 人 47 次获得诺贝尔奖（其中有多位诺贝尔奖获得者仍在执教），是世界上诺贝尔奖获奖密度最高的高等学府之一。

加州理工学院坐落在洛杉矶东北部的帕萨迪纳，距离银树焜心心念念的硅谷较远，但心仪的专业和丰富多彩的校园生活让他很快适应了所选学校。"我们这些国际新生可以参加学校的国际学生项目，我也认识了很多来自世界各国的友人，还是挺有意思的。当然，我本身也不是个内向的人，我觉得自己融入得还是挺快的。"银树焜爽朗地讲道。

那么，在这里做科研，是否也像在国内一般得心应手呢？

面对这个问题，银树焜给予了肯定的回答。"其实加州理工学院就是我导师李洋老师修读博士后的高校，在来到这里之前，我对它已经仰慕很久了。而医学与电子工程看上去好像相去甚远，但其实这两者之间是息息相关的。"

在加州理工和教授合影，背后展柜中的矿石个个价值不菲

在医学工程中，有个非常大的领域叫医学成像，现在大家常见的核磁共振、CT等都属于这个领域，这个技术目前已经相当成熟，但人们还是希望能有更高的精度、更清晰的成像。综观整个医学发展脉络我们会发现，每一次医学的进步都离不开工程技术的支持与托举，而现在的银树焜就是在这个领域里学习、深耕。

"我的初心其实还是没有变的，我还是希望能做那个改变世界的人。"银树焜说，"只不过随着我对电子工程领域研究的逐渐深入，我发现医学领域有很多未知等待我们去探索、去创造。未来我也希望能够将自己的技术带回祖国，帮助祖国实现进一步的飞跃。"

唐瑞婕

扎根环境工程，致力于调和人类发展与自然环境的矛盾

在高考填报志愿时，与同龄人的迷茫不同，成绩优异的唐瑞婕毫不犹豫地选择了同济大学的环境工程专业，这很大程度上是受她父亲工作的影响以及她童年时的经历结下的机缘。大学四年的学习，她积累了对学术的兴趣和信心，决心毕业后出国进一步深造。自2022年入学以来，她在普林斯顿大学看到了更广阔的风景和天地，对这个领域的认知也更加深刻，她希望有朝一日通过不懈的努力，实现人类社会与自然环境的协调发展。

年少时，下决心要成为"地球卫士"

每个人的每个选择背后都有一段或机缘巧合或念念不

忘的故事。而唐瑞婕与环境工程专业的渊源,要从她很小的时候说起。

唐瑞婕的父亲是一名公路工程二级建造师,因工作需要往往到一些偏远地区进行公路的设计建设。因为父亲的工作性质,她在童年时期,经常跟随父亲到一些交通不便且与外界几乎隔绝的村镇里玩耍。这些村镇,虽然地理位置偏僻,经济发展也相对落后,但乡村山林里有澄澈如明镜的蓝天,有一眼能望到底的高原湖泊,高大茂密的原始森林中随处可见野象漫步其间,金丝猴在树冠上呼朋引伴……原始古老的自然风貌,令从小生活在钢筋混凝土搭建的城市中的唐瑞婕至今仍念念不忘,记忆犹新。

公路的建成通车为偏远地区的经济发展创造了条件,但人为因素的介入却在很大程度上影响了当地的自然环境,唐瑞婕目睹了农田森林一点点退化、动物迁徙路线被迫改变、高原湖泊在逐渐萎缩。年幼的她对这些变化看在眼里,却懵懵懂懂,她在上初中之前经常问父亲:"高速公路切断了野象回家的路,那小象要怎么找回它们的妈妈呢?"父亲给她的答案是:"人类为了满足自身发展的需要,总要以牺牲别的物种为代价。"那一刻她感受到前所未有的无力,一颗种子在她心中生根发芽:"我以后一定要做一个地球卫士,保护与人类共同生存在这个美丽星球上的其他物种。"

当她在面临大学选专业的抉择时,很大一部分原因是受到父亲职业的影响,她偏向于学习工程相关的专业,也更喜欢把自己的所学应用到实际生产之中,儿时的那段经历或许也在冥冥之中指引着她更进一步地选择了环境工程。

理解环境工程的意义,"做有温度的工程师"

2018年,唐瑞婕进入同济大学环境科学与工程系,开始她的本科就读旅程。

随着工业化发展和城镇建设的推进,全球各地大气污染、水污染、光污染等环境污染状况越来越严重,由此带来的全球变暖、水资源短缺等问题也在影响着人类和其他生命体的正常生活。

在大学以前，唐瑞婕对环境工程覆盖的领域知之甚少，直到在同济大学的四年里逐步接触了水污染控制工程、固体废物控制工程、大气污染控制工程以及能源与可持续发展等具体课程，她才清楚地意识到，人类社会的发展永远不会停下，恢复动物们赖以生存的环境已然不可能，学习防治各种污染才能解决人类实际面临的环境问题。"我想要保护这个星球上的各种生物，能够做到的就是学习最先进的生产技术，来调和人类发展与自然环境之间的矛盾。"

唐瑞婕的理想信念还与同济大学老师们的言传身教有关。在同济大学，环境工程方向的老师除了承担日常的教学任务，还会承担一些大型的治理项目，比如湖泊或者是区域生态环境的治理。老师们在教学时始终向他们强调，要努力使自己成为一个"有温度的工程师"。"他们总说虽然我们是工程师，一辈子都要和钢筋混凝土这些冰冷的东西打交道，但选择环境的孩子心中要有大爱，要知道我们需要去用心守护的除了人类自己，还有那些陪我们在这个星球上一起生活了几十个世纪的其他生命体。"老师的谆谆教诲使唐瑞婕一刻也不敢忘记自己的责任与担当，也更加坚定了她要把自己学到的东西应用到实际的工程建设项目中的想法。

除了在课堂上汲取养分，唐瑞婕还下沉到环境整治的一线进行实习活动。她在昆明市环境监测中心参与了水体采样的工作，也在此充分感受到了环境治理的紧迫性。

位于云南昆明的滇池，一直为当地人源源不断地提供着丰富的淡水资源，有着"高原明珠"的美誉。但围湖造田、藻类的"野蛮"生长等因素使滇池的水体污染越来越严重，大大地降低了滇池水质。

因此，当地政府一直在为恢复滇池的生态环境而积极落实一些解决措施。唐瑞婕从监测中心的老师那里了解到："我们每年都进行很多次河底清淤，滇池附近也建立了很多大型湿地，同时通过引入外流域水来进行水体置换，以增强其自净能力。"作为一个土生土长的昆明人，对于滇池的变化，唐瑞婕从小就看在眼里；对于滇池环境的逐步改善，她感到非常欣慰。

从实验项目中，产生对科研的兴趣

作为上海知名的 985 院校之一，同济大学坐拥数十所政府部门批准建立的科研机构，以及多个研究中心、实验室和科研平台，科研实力雄厚。根据教育部公示的第四轮学科评估结果，唐瑞婕就读的环境科学与工程、土木工程、城乡规划学、管理科学与工程 4 个学科位列 A+，"新工科"学科建设优势明显。

本科学校强大的教育质量与优质的科研资源也为唐瑞婕提供了培养学术兴趣的沃土，她有机会在老师和学长、学姐的指导下，接触和参与到众多的科研和实验项目中来。谈及她所参与的科研项目，令她收获最多的，却不是完全由她自己来做的项目，而是与学长和几位同学集思广益共同完成的一个实验项目。这个项目需要根据实验结果选择一个效率高、成本低以及生态效益良好的催化剂，以控制水体中氮和磷的含量，避免水体的富营养化。

对于当时对实验手段了解不足、科研认知比较浅显的她和其他另外几位同学来说，项目最大的困难在于一开始没有一个明确具体的实验方向。那时学长给予了他们非常大的助力，每天监督他们阅读大量的论文，指导他们学习新颖的实验方法和手段。由于当时还处于疫情防控期，无法进行线下的讨论，他们除了每隔三天开一次线上组会外，两次组会之间还会额外抽出几个小时的时间，通过语音方式沟通实验的手段和方案。就这样，他们花了一个学期的时间完成前期的论文阅读和实验方案的确定，待下个学期返校时再来进行实验的统筹与推进。

整个项目过程虽然花费了大量的时间和精力，但是对唐瑞婕来说却受益无穷，她完完整整地参与了实验过程的每一步，也掌握了看论文的方法以及实验的操作、数据分析等具体的科研步骤。她感受到了实验的魅力，也真切地体验到了科研带来的成就感和满足感。她直言："它其实是我实验路上的一个起步，如果没有这段经历的话，我不一定会选择读博。"

普林斯顿大学的博士科研生活

2021 年,唐瑞婕本可以保研同济大学,但她更渴望到一个全新的环境深造,于是她开始筹备去国外读研。经过用心的筹备和大胆的尝试,她仅凭借本科学历,就申请到了普林斯顿大学土木与环境工程系的博士攻读资格。

普林斯顿大学坐落于美国新泽西州,是著名的常春藤联盟成员校之一,常年位居 U.S.News 美国最佳大学排名第一位,坚持学术至上的原则,以高深卓越的理论研究而闻名于世,对学生科研的要求极高。

普林斯顿大学校园一角

作为刚入学不久的新生,一开始唐瑞婕觉得每个学期的课程没有国内那么多,预想着博士生活会比较轻松,但没多久她便感受到了课业、科研的压力和紧迫性。普林斯顿大学非常注重培养学生的科研能力,从博士学习的第一年起学生就开始承担一些较重的科研任务。而且学校规定，学生每周都需要和导师交流自己的研究进展，再对本周学习进行总结和归纳。这种类似于"组会"的每周交流令唐瑞婕倍感压力，她介绍道："每个星期必须从大量论文中汲取做科研的思路和实验创新点，找到可以去推进自己科研项目的一个方向。除此之外，还可以跟教授约更多的时间讨论课业上的疑惑。"

普林斯顿大学远离繁华热闹的大都市，在常春藤盟校中学生规模最小。这恰恰也是唐瑞婕最喜欢普林斯顿的地方，因为学生人数少，教授有足够的时间兼顾每个学生的个性化发展，也会有更多的时间和空间开展实践教学。唐瑞婕兴奋地说起一堂实验设计的课程："当时有一个研究课题是与甲烷排放相关的，而甲烷排放的主要源头之一是污水处理厂，正巧普林斯顿附近有很多这样的工厂，老师就开着有监测设备的检测车，带着我们去实地探测空气中甲烷的浓度，还能够看到实时生成的图像。我们收集、筛选、处理数据，进行数据分析和模型整合。"这种实践教学方式更加贴近现实生活，也令众多同学印象深刻，在实地体验的过程中巩固了所学。

主动平衡学业与生活，深耕碳中和方向

在异国求学，生活上的孤独和学业上的压力也是留学生最容易遇到的。每当面临自己无法克服的情绪问题时，唐瑞婕通常会打电话给爸爸妈妈，告诉他们自己的生活学习状态和困境，从父母那里寻求过来人的经验。她表示："我父母比较注重我的心理健康，会觉得有情绪就要抒发出来，所以小到生活琐事，大到未来的发展方向，我都会和他们沟通。"

在闲暇放松之余，唐瑞婕不满足于探索普林斯顿这座城市，她会约上三五好友，花上几天的时间，去稍远一些的纽约、波士顿、芝加哥游玩寻赏，去感受大城市的活力和气息。

唐瑞婕在 Jim Thorpe（宾州一个风景优美的小镇）游玩

　　唐瑞婕所攻读的博士项目为 5 年制，具体的毕业要求因不同导师而有所差别，但完成课程的学习、产出定量的论文是最基本的要求。基于全球气候变暖效应和我国提出的"双碳"目标，唐瑞婕的博士研究方向与我国现今提倡的"碳中和"政策相关，她解释道："我发现中国如今把碳交易置于一个商业化的运营模式中，就像是商品一样，可以被买卖。'碳中和'研究方向接轨中国目前的国情现状，这个方向更加有前景，也会更有可能落到实处。"

　　严谨、踏实、专注的学风已经渗透在普林斯顿大学的每一个角落、每一栋建筑以及每个人身上，唐瑞婕深受这种氛围的感染，逼迫自己快速成长和进步，她计划着尽早产出高质量的论文，之后攻读一个其他领域的第二学位或证书。她认为，在瞬息万变的时代中，知识背景丰富的复合型人才更容易应对充满不确定性的未来,也能让她离实现自己儿时的理想更近一步。

让小象找到妈妈,让山重新披上绿色,让水重返清澈,让天空更加湛蓝,她为了能够在恢复人与自然之间的平衡的过程中贡献自己的力量,一直努力着。

余明沁

保持好奇心和探索欲,全身心投入科技金融领域

　　自本科开始,余明沁一直在追寻、探索和研究自己感兴趣的专业领域,从数学到计算机科学、金融学都有涉猎,还做过两年的银行工作。时间如白驹过隙,她逐渐明晰自己对持续学习成长的追求,以及对于充满创造性的学术界的向往。

科技金融一直是融合创造性、实践性、多样性和未知性的领域，能吸引跨行业、不同专业背景的人，既有时代发展的现实意义，也包容了她的个人兴趣、志向和热情，推动着她不断寻求在这一领域深入成长的机会，也为前往南半球的澳大利亚追求内心的充盈埋下伏笔。她一直追求通过持续的学习和进步，为这个领域贡献自己的一份力量。

跳出流程化的银行工作，挑战自我申请读博

2020 年的夏天，疫情暂时好转，余明沁从对外经济贸易大学研究生毕业。彼时的她，与不少毕业生一样，面临着在受创的经济环境下是继续求学深造还是进入业界工作的抉择。考虑到自己一直在求学，缺乏实际的工作经验，她想先去工作，"体验不一样的经历"，于是她婉拒了导师的读博邀请，转而进入一家知名银行工作。

工作一年后，余明沁对银行的工作逐渐从了解到熟悉，工作内容也逐渐重复化和流程化，这慢慢消磨了她对这份工作的兴趣和热情。加上每天紧凑的工作节奏和严格的工作要求，让她的精神始终保持高度紧绷的状态，工作与个人生活之间出现了失衡。

就在那段时间，她越发感受到，相比每天遵循一成不变的工作轨迹，自己更愿意从事探索性和创造性的工作。余明沁暗下决心，要结束自己这种心如止水的状态，她没有踌躇不决，便提出辞呈，开始筹备读博申请。她坦言："读博是一个很有挑战性的过程，会让我更有激情，自身也能够得到成长，读博以后职业选择的空间也会更大。"

当时，她白天要做好自己的本职工作，下班以后还要挤出时间学习，因此她的时间和精力严重不足，也承受着巨大的心理压力。但她深知，与其焦虑，不如根据事情的缓急分配好自己的时间。无论在工作日的晚上，还是周末，她都将自己的空闲时间安排得满满当当，只为挤出更多的时间学习。

积蓄力量，水到渠成。凭借流畅的口语、丰富的工作经验背书以及与之

相契合的科研经历，余明沁在 2022 年收获了澳大利亚悉尼麦考瑞大学与新南威尔士大学的青睐，如愿奔赴澳大利亚读博深造。

学术路漫漫，在计算机科学与金融学之间寻找融合点

一直以来，余明沁都是一个热爱探索、喜欢尝试的女孩，这一点在她的整个学业道路中体现得尤为明显。作为一个理科生，她本科就读信息与计算机科学专业，隶属于理学院，在向研究生阶段迈进的时候，她瞄准了之前没有尝试过的文科领域，选择金融学作为她的硕士专业。她对自己的评价是"什么都想尝试，什么都不愿错过"。

基于这样的性格，她在大学期间曾参加过不少社会实践活动，当过志愿者，还做过联合国难民署的学生代表。所以当学院有意推选她参加学校的国内外联合培养项目时，她顺势搭上了这班联合培养项目的"顺风车"，在2018—2019 年作为联合培养项目的学生到阿德莱德大学商学院学习，这是她与澳大利亚结缘的开始。

时至今日，阿德莱德大学的学习和生活体验仍然让余明沁记忆犹新："导师跟学生之间的交流很顺畅，也会提供充分的资源支持学生研究自己感兴趣的内容，而且科研团队本身的工作氛围也非常轻松。"正是因为这段交流经历，让她"种草"了澳大利亚这个国度，在申请博士时也坚定地锁定了澳大利亚的院校。

从本科起，余明沁所学的知识都是围绕数学、金融、计算机展开，她一直保持着对这些交叉领域发展的高度关注。在申请博士时，考虑到自己过往的学术经历与研究的兴趣，她也在有意地寻找能够覆盖本科与硕士专业的博士方向。新南威尔士大学计算机工程博士的科技金融（FinTech）方向及导师团队则完美契合了她的需求，令她心动不已，也使得她在同时获得两所大学的录取时，更偏向于新南威尔士大学。

新南威尔士大学 Lower Campus 主路

作为新兴的朝阳领域，科技金融在过去几年得到了快速的发展，一直是澳大利亚和全球行业会议的热门话题。在这一领域，计算机技术被用来创造、增强甚至改变金融服务。余明沁进一步解释道："它会借助一些计算机技术或大数据技术为金融业提供服务和产品，之所以是新兴的，是因为它还在发展的过程中，并不意味着它不流行。比如，移动支付就是科技金融最好的例子。"随着大数据时代的到来与计算机性能的高速发展，一些科技金融企业如雨后春笋般涌现，同时传统的金融机构和互联网企业的金融监管部门对这方面的专业人才的需求也在日渐增长，如余明沁这样有相关学科专业的人才必定会登上大放异彩的舞台。

既是博士生，也是业界软件工程师

再一次来到澳大利亚，虽然不算陌生，余明沁仍然从日常的博士学习、团队伙伴的相处中感受到了久违的激情，这促使她不断地掌握新的知识和技能，提升自我。

博士项目的课程不多，余明沁每学期只需要上两门研究课程并完成对应的学术研究即可，这样看来，三年半的博士项目，留给她个人的时间其实非常充裕。但对于余明沁来说，她依然觉得时间非常紧迫。一方面，为了圆满完成科研项目，她需要投入很多时间和精力阅读大量的学术资料；另一方面，导师对她寄予厚望，希望她可以提前毕业，那么每个学期学院所规定的科研项目就需要她超前完成。此外，她还担任了两门本科课程的助教，承担了部分教学任务，这也占据了她的一部分时间。

面对如此充实和紧凑的时间安排，其他人可能会倍感焦虑，余明沁却觉得动力满满，她总是想着："做快一点，再快一点，在短时间内完成更多的事情。"攻读博士不仅需要强大的自我学习能力和研究能力，还需要一定程度上的心理素质和适应能力。余明沁做事特别需要一些正向的激励和反馈，而导师恰恰给予了她很高的评价，认为她有潜力提前完成博士项目。导师对她的信心反过来也帮助她树立起信念感，学习起来自然也更有动力。

新南威尔士大学校园 Quadrangle

较为特殊的是，余明沁所攻读的博士课程不仅是一个学术项目，更准确地来说类似于校企合作项目，这个项目属于由导师牵头设立的 UNSW AI Consortium，资金来源于多家澳大利亚企业公司——既有像新创咨询公司 Cognitivo，也有澳大利亚老牌企业银行 Westpac。因此她在澳大利亚不仅仅是一个学术博士生，还要与业界不同部门和团队进行会议交流，以此推进、调整项目的需求设计执行与落实。她解释道："一方面，我会基于公司的需求来推进科研方向，并且将成果应用于公司；另一方面，科研的具体进度还是要满足新南威尔士大学的要求。"

她目前的研究方向是设计一个关于 ESG 量化分析的可持续金融软件，从需求分析到设计模型、框架和架构去帮助决策者、投资者和企业进一步推进全球可持续金融的发展。在公司实践的历练中，余明沁已经以一个项目负责人的成熟姿态，掌控着项目的运行和整体进度，源源不断地将其所学转化为社会实践。

科研之余，深度融入学院生活

除了科研和学术活动外，余明沁平时喜欢参加一些群体性的活动，她乐于跟其他人交流，从中了解不同人的生活经验，这也是她释放压力的一个重要渠道。

身兼"数职"，她既是工程学院研究委员会唯一的学生代表和工程学院学生会学生代表，同时又是计算机学院学生组织的组织者，2023 年年初还曾受院长邀请作为学生代表在学院研究会议上代表博士建言献策。作为"大院"和"小院"的学生会的组织者，余明沁还多次参与策划了季度、年度不同主题的活动，比如以圣诞节、跨年等时间节点为主题，邀请学院的学生交流自己的近况和兴趣爱好等，以此增加学生之间的互动交流。她表示："大家平时专注于自己的科研领域，跟组外学生交流的机会比较少，这种活动就可以让他们相互了解一下。"

新南威尔士大学新生入学周

除了学校举办的相关活动，余明沁在闲暇时还喜欢打网球。作为一个业余爱好者，她的网球水平已经达到 4.0 级别，技术掌握全面。当科研压力比较大时，她经常会拿起球拍，到球场上肆意挥洒汗水。她相信，运动产生的多巴胺会调整整个人的心情和精神状态，起到缓解压力的效果。

在有限的时间中，探索自身的无限可能

女生一直是工程学院的少数群体，作为工程学院的亚裔国际生，余明沁可以说是"少数中的少数"，但这并未给她带来任何不便，反而成为一种"优势"。她注意到，学院有部分项目非常注重女性的参与度，有专为女性学生开展的活动时会发邮件告知，比如专门的奖学金项目，来鼓励女性在计算机领域做出贡献。她感慨："这个群体的劣势也有其优势，虽然人数很少，但一旦发声就会被注意到，发声的内容在他人眼中也会更加重要。"现在，她也在探索和学习如何利用自己所在群体的特点，抓住日常的机会，实现自己的目标和追求。

余明沁在 AI Consortium 启动会上做学术发言

工作之后再读博，余明沁既有着当下年轻人对未来的憧憬，同时也有对未来社会不确定的迷惘。尤其在这个多变的社会，人工智能等各种高科技更迭不断，全球经济形势不断变化，整个社会结构都随之改变。对未来的思考以及人生意义的探索让她一直不断思考自己想要做什么，该如何度过未来几年的博士生活。她奔着"提前毕业"的目标，给自己设定了每一年应该完成的学术以及生活任务。

如今，她很享受读博的状态，有一种发自内心的充盈感。在她看来，读博是象牙塔里最后一段攀缘而上的阶梯，尽管离外面的世界已经非常接近，具有一定的"社会"属性，但她依然能够以学生的身份心无旁骛地学习，获得自身的成长和提升。

不安于现状，全力奔赴自己热爱的领域，尽情激发潜能，相信余明沁终能遵循内心的指引，创造出属于自己的人生轨迹。

鲁煜杰

从就读二本院校到赴美学习流体力学，留学带来更多样的人生选择

如果没有出国留学，机械工程专业出身的鲁煜杰可能会像大多数本科生一样，毕业后随波逐流地在生产一线工作。出于对航空航天工程的热爱，他在大学期间就考虑通过留学深造实现自己的理想。在美国学习流体方向，进一步接触到前沿的研究、多彩的文化，使他眼界大开，也推动着他一步步靠近自己理想的职业，可以说，留学赋予了他更加与众不同的人生。

本科实习，改变了他的发展规划

2014 年，由于高考成绩并不理想，鲁煜杰产生了本科

出国留学的想法。考虑到本科留学的花费较高，以及对于喜欢的专业、未来要从事的方向尚未有清晰的了解，他暂时按捺住了这个念头，在国内就读于一所二本院校，学习能源动力与工程专业。

一开始，鲁煜杰对专业未来的就业情况了解有限，相比于做学术来说，他认为自己在各类实践活动方面更加得心应手，于是从大一开始就担任班长以及辩论队队长。在那时，他并没有仔细考虑自己未来的职业生涯，觉得"毕业以后找一个专业相关的工作"就行了。

鲁煜杰在大学期间获得辩论赛一等奖

然而，本科阶段的两次实习经历让他最初的规划发生了改变。在水电站和水泵厂实习期间，他发现部分专业对口的生产一线的工作较为机械重复且缺乏创新和挑战，和自己预想的差别很大。"我希望自己从事的工作是具有挑战性和创造性的，比如牵头研发设计新的产品、解决较为前沿的技术难题，但实际上许多面向普通本科生的工作岗位只需要根据已有的产品蓝图来做一些微调，再一遍又一遍地重复这个过程。"

这给了他很大触动，也促使他开始思考自己的发展道路和职业规划。他说，在求职市场上传统工科专业的毕业生比较饱和，想找到一份理想的工作，只有本科学历是远远不够的。而且他本身英语底子不错，留学深造的路径是可行的，还能为未来发展开辟更多道路。

在小时候，鲁煜杰便对无边无际的星空和宇宙探索非常着迷，他喜欢看星星，对于天文知识也很感兴趣，一直以来对航空航天工程怀着向往和崇敬的心情。高考结束后，他也曾考虑过去航空航天院校学习，然而国内知名的航空航天院校如北京航空航天大学、南京航空航天大学对高考分数要求都很高，选择国内院校时他只能放弃自己的梦想专业。但当出国留学的念头再次浮现时，他意识到可以通过申请国外硕士在航空航天工程领域继续深造，于是，他决定遵从内心的热爱，赴美留学。

申请筹备道阻且长，一波三折终获梦想大学 offer

既然决定了要出国留学，鲁煜杰深知自己要面临重重的困难。首先，由于大一参加的活动过多，他没有把主要精力放在学习上，导致大一的成绩平均分只有 75 分；其次，美国硕士申请非常看重学生的软实力背景，而他此

鲁煜杰为竞赛做准备

前除了有一些辩论赛等兴趣类的成绩，几乎没有其他专业背景经历，这意味着他在科研论文和竞赛方面等同于要"从 0 开始"。时间紧、任务重，从大二上学期开始准备，到大三递交申请，鲁煜杰只剩下不到两年的时间，这一切都考验着他的毅力与恒心。

为了提高专业课成绩，他先是有选择地放弃了一些学生工作，把主要精力放在重要的专业课学习上，每天都要在自习室学到关门。大三下学期有一门最关键的专业课——流体力学，这也是鲁煜杰想要申请的硕士方向，但由于他花费了太多时间在各类竞赛和科研工作上，准备不足的他最终只考了 60 分。"我一下子心都凉了，最重要的专业课考了 60 分，这还怎么申请呢？"他不愿意相信这个事实，还通过专业课老师和学校教务处拿到试卷，仔细一看才发现，自己对于课程知识的确是一知半解。事已至此，他只好一边跟老师申请重修这门课程，一边在申请留学的个人简历上注明相关情况，同时通过其他课程成绩侧面证明自己的学习能力，幸运的是这门课的成绩最终没有对他的申请造成影响。

谈到整个申请过程中最大的困难，鲁煜杰感慨道："时间真的不够用。"作为班长和辩论队队长，一些学生工作"不是说放就能放的"，他需要综合考量学生工作的责任，以及留学申请需要花费的时间，然后排好任务的优先级，才能在紧密的时间安排中既做好学生工作，又做好留学申请筹备工作。

2018 年，在本科毕业的同时，鲁煜杰也陆续收到了纽约大学、波士顿大学和罗格斯大学的录取信。然而直到 8 月份研究生开学前夕，他仍然没有收到最期待的佛罗里达大学的回信，他几乎要准备接受纽约大学的时候，8 月 12 日，佛罗里达大学的录取信终于姗姗来到。他立马购买机票、收拾行装，在 8 月 14 日起程飞向另一片大陆。

在美深耕流体方向

为筹备申请，在本科选课时，鲁煜杰也尽量选择流体力学所涉及的专业课程，因此到硕士阶段，课程的衔接相对比较流畅。他介绍道："流体方向的专业应用主要涉及在水里或者空气中进行运动的物体，比如泵的叶片、飞机的机翼。目前研究较为广泛的一个方向就是计算流体力学，通过计算机辅助和数学方法对流体力学问题进行模拟和分析。"

在鲁煜杰看来，研究流体力学可以为中国航空制造业的发展赋予能量。近10年来，中国的航空制造业处于快速发展阶段，但在许多高端技术方面还在追赶美欧的一些发达国家，研制的民用飞机在国际市场上的竞争力也相对较低。而流体力学以及相关专业在飞机的研发过程中起着非常重要的作用，比如中国自主研发的C919飞机通过一些先进计算流体力学的模拟，实现了在气动性能、飞行稳定性、燃油效率等方面的优化和技术的突破。

在佛罗里达大学格里芬体育场

鲁煜杰说，在佛罗里达大学的学习和生活是充实而又充满挑战的，现在回想起留学的点点滴滴，又感觉是充满干劲和愉悦的。美国大学课堂往往是从应用的角度，"接地气"地讲清楚每一个问题，再从中提炼出共性的原理。鲁煜杰也在学习过程中感受到，只要他真正理解了课上讲授的内容，大多数课业还是比较好掌握的。对他而言，最难的部分莫过于计算流体力学的相关课程，其中要运用到许多数学方法，如线性代数、复变函数。而且，因为流体力学的大部分问题都需要借助计算机建立模型，只是学好数学远远不够，还要学习使用各类软件甚至是通过编写代码来编制有针对性的程序以辅助计算。"我得学数学、学代码，还得学流体力学等物理知识，学起来确实挺难的。"

然而，最大的挑战并非课业和语言环境，而是需要在没有人管束的情况下，自主安排课业和硕士学习生活。鲁煜杰所攻读的硕士项目对毕业的要求不高，只需要修完足够学分的课程，并且写一篇简单的毕业论文就可以轻松地拿到毕业证。

最开始鲁煜杰会等着教授们对自己提出要求或者建议，但他发现老师基本不会对学生的学习计划有任何干涉。鲁煜杰便"主动出击"，很快找到了一位他所感兴趣的研究领域的教授，并经常在课后跟教授聊一些专业规划和研究方向的话题。得益于这段渊源，鲁煜杰了解到学校中的应用物理研究所正是由这位导师担任主任，所以在第一个学期结束的时候，鲁煜杰通过面试争取到加入研究所的机会，开始了边学习边在实验室"打工"的充实生活。

另外，鲁煜杰没有刻意要求自己在最短的时间内毕业，他希望沉下心来学习有用的知识，于是花了 4 个学期的时间，以相对比较慢的速度修完了硕士课程，在专业知识掌握得比较透彻的同时，在实验室的研究也得到了一定程度的进展，收获颇多。

留学，带来了更好的职业选择

2020 年年初，疫情在全球范围内暴发，每个人心中都觉得未来充满未知，尤其是身处海外的留学生，鲁煜杰也不例外。即将硕士毕业的他，本打算继续读博深造或者先在美国工作一段时间以便积累工作经验，但对疫情等多种因素进行综合考量后，他决定回国发展。

时隔两年，在 2020 年 10 月，鲁煜杰结束了在佛罗里达大学的学业和在应用物理研究所的工作，再次回到了自己深爱的祖国。目前，他就职于航空领域的一家研究所，负责航空领域科研项目管理、国际标准化以及国际合作方面的工作。

鲁煜杰感慨道："这份工作还真是凭着自己的留学经历找到的。"他回国后，参加了在北京举办的一个留学生招聘会，正是凭借着在招聘会上投出的简历，最后如愿入职。他对这份工作非常满意："终于从事了我喜爱的行业、涉及顶层设计或者说是参与各类标准制定的工作，自己的语言特长也在工作中发挥了较大用处。"这与他本科时期对职业的畅想几乎完全契合。

随着疫情的阴霾逐渐消散，他期待着今后自己的国际业务推进起来可以更加顺利，能够面对面和国外的专家进行业务拓展和技术交流，也能进一步精进和提升自己的工作能力，迎接人生中更大的挑战和锻炼。

陈依涵

逐梦帝国理工,为助力中国芯片事业发展而奋斗

现在的陈依涵已经回国,在一家头部科技公司任职,从事着他自小就向往的芯片工作。回望自己的求学历程,他感慨万千,那通往梦想的道路虽然偶有曲折,但他依然坚定自己的理想,拼搏前行。

明确未来方向,向芯片行业进发

受父母工作的影响,陈依涵自小就对电子领域非常感兴趣，只要是跟智能、数码相关的，他都愿意去了解、钻研。同时，他还非常关注国家的能源以及科技的发展水平以及前沿方向。也是基于对这些领域的热爱，在吉林大学就读本科期间，他如愿通过转专业的方式进入电气工程及其自动化专业学习。

简单来说，电气工程及其自动化专业是一个研究发电以及电力的专业。在我们的生活当中，用电的整个过程包括电的产生、供电、电器使用等都和它有一定的关系。电气工程及其自动化专业有强电和弱电之分，弱电侧重电力控制和电器制造，这个方向的学生未来一般会到企业任职；强电则侧重于发电机或者电力传输，未来就业一般是在电网公司或者是发电厂、电力局等。

2018年起，中美关系开始发生微妙变化，而我国的芯片进口在这个过程中也受到了阻碍。中国是芯片进口大国，每年巨额的进口额度一度引发关注。也是从那一刻开始，集成电路芯片"卡脖子"问题成了中国民众广泛讨论的议题，我国在芯片产业发展中的短板也日益凸显。

这些变化，陈依涵都看在眼里。"我对芯片一直都很有兴趣，"他表示，"在我看来，芯片是全世界人民智慧的结晶，代表着最高的技术领域，也是我非常希望能攀登的山峰。当我对我国芯片发展现状有了了解之时，内心有一种特别迫切的想法，就是希望能在这个领域为国家做贡献。"

然而，吉林大学所开设的电气工程及其自动化专业普适性较强，不论是弱电的课程还是强电相关的知识都会让学生们有所涉猎。这样的课程设计优势在于毕业生的就业范围会更加广泛，在吉林大学的官方网站上，明确表明该专业毕业生既可以在电力系统和现代装备制造领域，也可以在自动化及电子信息领域，从事与电气相关的工作或研究。但这样的设置也有缺点，会让学生对某一细分方向的知识或技能掌握不够充分。

陈依涵就面临这样的问题。芯片设计制作属于弱电范畴，他希望对这个领域能有更精深的学习和钻研。因此，在大二时，他产生了本科毕业后继续深造的想法，希望能进一步在芯片设计与制作的相关细分专业里学习。

与国际教育的"零距离"接触

有了明确的目标,陈依涵的努力也有了更加清晰的方向。在本科期间,他有意识地将自己参与的各类活动及竞赛项目向弱电方向靠近。同时还利用暑期的时间,前往加拿大阿尔伯塔大学旁听基础课程,体验海外校园生活,感受国际教育的魅力。自此之后,他更加明确了自己未来要走出国留学的道路。

这并不是陈依涵第一次体验国际教育。在初中时,他的学校就和新加坡的一所学校展开过交换寄宿学习的活动。他家里曾接待过两位寄宿的新加坡的学生,彼此沟通也以英语为主。后来,他前往新加坡学校交流学习,寄宿在此前寄住在他家的同学家,参加了新加坡学校里举行的各式各样新奇的活动。交流活动让陈依涵感受到国外的学习氛围和自由度,也让他对海外学习心生向往。

"一开始,我对出国留学的想法不是特别确定的。"陈依涵说,"我的本科专业与芯片设计相关专业不是特别对口,当时很怕自己出国了可能会跟不上,虽然之前有过国际教育体验,但这与前往海外高校进行科研学习是不一样的。"

而在阿尔伯塔大学的学习生活给了陈依涵信心,虽然时间短暂,但他相信自己未来可以很好地适应在国外高校学习的节奏。为了日后能尽可能地进入名校学习,本科四年,他一直保持着高强度的学习节奏,保持着年级前列的成绩。最终,他以专业第二名的优异成绩毕业,并如愿获得了帝国理工学院(IC)模拟与数字集成电路设计专业、伦敦大学学院(UCL)集成机器学习系统专业和曼彻斯特大学高级控制和系统工程专业的录取通知。

伦敦眼夜景

远渡重洋,如愿入读帝国理工学院

谈及自己的申请历程,陈依涵既感慨又无奈。2020年,他本科毕业,原本是计划"无缝衔接"硕士课程,然而新冠疫情的全球快速蔓延打乱了他的计划。

由于英国高校允许国际学生在没有语言成绩的情况下递交申请,因此他计划先着重准备申请材料,再进行语言考试。但彼时疫情的快速蔓延使考试频频取消,他面临着无试可考的境地,而海外的疫情形势也让他有些犹豫。经过慎重考虑,他决定延期一年入学,同时也可以利用这一年的时间去参加之前一直想要参与的支教及志愿者活动,在学习之余体验生活。

2021年10月,陈依涵来到英国帝国理工学院,正式开始模拟与数字集成电路设计专业的学习。对于这所院校的选择,陈依涵说道:"UCL和曼大确实也很好,但不论是院校排名还是专业方向的匹配度方面,帝国理工学院是我最好的选择。"

英国帝国理工学院标志性建筑女王塔

在英国留学圈里,有这样一个"三足鼎立"的说法:文科选牛津,理科去剑桥,工科最强当数帝国理工。帝国理工学院是一所世界顶尖公立研究型大学,同时也是英国 G5 超级精英大学之一,在国际学术界有着很高的声望。作为一所开放式的大学,帝国理工学院的主校区位于伦敦著名的富人区南肯辛顿,紧邻海德公园,与久负盛名的白金汉宫、威斯敏斯特教堂亦相距不远。这里也是伦敦文化与历史交融的地带,英国很多著名的博物馆均坐落于此。

陈依涵所就读的模拟与数字集成电路设计专业主要致力于加深学生对模拟电路、混合信号电路和数字电路的理解,将学生们培养成为未来集成电路设计师。简单来说,就是培养未来的芯片设计师,这与陈依涵未来所希望发展的方向不谋而合。"我现在特别希望能亲手完整地制作一枚芯片,虽然过程漫长,也可能会有数不清的困难在等着我,但我依然会坚持下去。"陈依涵坚定地表示。

繁忙而有趣的留学时光

在帝国理工学院的生活如他之前所料，紧凑而又充实。虽然他所就读的硕士课程类型属于授课型，但个人研究与项目在课程中所占的比重非常高，这与大多数以学习课堂知识为主的授课型硕士课程大不相同，这种课程设置也给他带来了极大的挑战。"我们一年会有7—8个项目要开展进行，这些项目有的是多人参与，有的是单人完成，我们还要去上课、考试，可以说几乎没有什么时间休息的。"陈依涵回忆道。

陈依涵在自己就读的学院门口留影

留学的时光虽然忙碌，但他"忙中作乐"，在与同学和导师的相处过程中，也发生了很多趣闻，更感受到了世界的多元文化。一次完成了在英国牛津大学卢瑟福·阿普尔顿实验室的一个关于数字芯片可靠性增强的项目后，陈依涵和他的导师受邀参与了庆祝会。在他看来，这其实不算是什么大项目，按照他在国内的经验，大概就是一起吃个饭祝贺一下，然而庆祝会出乎他的意料。"我们那天玩了很多的游戏，大家畅所欲言，也互相诉说了很多关于未来工作的希望，当然也有一些吐槽，差点聊了个通宵，这跟我之前所经历的完全不一样。"陈依涵感叹道,"这里的学生和老师真的将学习和娱乐分得特别开,该学习的时候一丝不苟,该放松的时候尽情欢乐。哪怕只是完成了一个很小很小的项目,他们庆祝的劲儿就好像拯救了全世界一样,能感觉到他们非常享受整个项目从开始到结束的过程,而我也沉浸其中。"

回归祖国,只为助力"中国芯"

一年的留学生涯转瞬即逝,但这段时光已经成了陈依涵非常宝贵的经历。它缩短了陈依涵与梦想的距离,也让他在前进的道路上越走越坚实。

2023年3月,即将毕业的陈依涵顺利入职一家头部科技公司,从事高端芯片设计的工作。芯片产品种类繁多,我们常用的路由器、冰箱、洗衣机、空调、电视等都需要芯片。依照我国现有的技术和半导体产业体系,虽然14nm以下的高端芯片制作仍有很长的路要走,但人们日常生活中使用的常规芯片是完全可以生产制造的。

然而,国产高端芯片的造芯之路困难重重,技术壁垒、设备匮乏、材料缺少……这些都是我国芯片产业快速发展的瓶颈。这条路并不平坦,可总有人怀着家国情怀,在这条道路上披荆斩棘。"芯片设计工作真的好难,"陈依涵感慨道,"与学生时代的压力完全不一样。虽然工作累,但还是很开心能做自己想做的事。"

集成电路是强国必争的领域。芯片的研究与发展和国家产业息息相关,中国要成为一个强大的国家,就必须拥有该领域的话语权。而今,我国正在大力扶持芯片制造业的发展,陈依涵正在以"中国芯片人"的身份在这条道路上奋斗前行。

谈及未来,他计划先留在国内工作一段时间,把所学到的知识应用到工作当中。如果发现自己的知识储备不足,他会考虑再去读个博士,为我国的芯片事业不断奉献自己的力量。

陈宇轩

从高中到硕士，在加拿大打开通往计算机芯片新世界的大门

四年过去了，陈宇轩还记得第一堂计算机体系结构课。他第一次这么近距离地感受到前人在这一领域所做的巨大的、辉煌的成就，以及天才作品厚重而深沉的历史重量。在完成加拿大英属哥伦比亚大学电气工程的本科学习后，陈宇轩更是坚信，计算机芯片是人类有史以来制造的最深刻、最复杂的人工制品。

从小种下一颗出国留学的种子

"之所以会有留学的想法，是因为从小我的梦想便是当

一名科学家。而一直以来,我也非常认真地对待自己的梦想,希望有朝一日能够前往国外学习先进的科学知识与技术。"陈宇轩在回答"为什么选择留学"问题时如是说。这也是为什么自高中起,他便选择了在一所国内高中的国际部就读。

陈宇轩就读的高中常年和加拿大中学及高校保持着紧密的合作,有着自己独立的教学团队,虽然使用的教材与"普通班"相差无几,但老师们大多使用英语教学,教学培养模式也更加开放新颖。在这样的教学环境下,陈宇轩养成了"刨根问底"式的学习习惯。尤其是物理这门学科,但凡发现了不懂的问题和不清楚的地方,他都会第一时间向老师请教。"我发自内心地热爱理科。"陈宇轩说,"不停地发问和找寻答案,可以让那些知识在我的脑海里变得深刻。"也正是这种思维习惯的养成,为他后来的留学学习生涯打下了扎实的基础。

2017年,乘着学校国际交流合作项目的"东风",陈宇轩前往加拿大温尼伯大学附属中学就读高三年级。那一年,他住在寄宿家庭里,了解了加拿大的风俗习惯,也熟悉了加拿大的人文环境。寄宿家庭的爸爸和妈妈耐心地

加拿大温尼伯大学附属中学校园一隅

陈宇轩寄宿家庭的一角，安静整洁，配色温馨

教他做当地的饭食餐点，细心地照料着他的衣食起居。"记忆里一切都是那么地新奇有趣，我到现在还能想起初到加拿大时，空气中淡淡的清新味道。"陈宇轩回忆道。

得益于此前国际班的教学模式，陈宇轩很快适应了加拿大中学的上课节奏。"不过确实有一个有趣的事，我发现班上的中国学生数学成绩更好一些。"但事实上，这并不意味着国外的教育内容比国内要简单，而在于试卷的出题方式。"相对来说，加拿大的数学试卷问题更为直白，不会设置太多的'坑'。"他解释说。而与国内中学的物理和化学课程相比，加拿大中学所教授的内容更深，很多都是之前没有学习的，如量子、能态、动量等一些在大学才会接触的内容。这些都令陈宇轩感到更具挑战性，也更进一步激发了他对理科知识的兴趣。

加拿大读高中期间,陈宇轩的化学实验课堂

在"尝试"中确定最心仪的专业

半年后,完全适应了留学生活的陈宇轩开始"顺理成章"地筹备申请加拿大的本科院校。"天时地利人和,我确实也没有再考虑过其他国家,毕竟在这里有自己熟知的环境和熟悉的同学。"所以,围绕着自身的兴趣爱好,他将目光投向了加拿大英属哥伦比亚大学的工程类专业。

作为加拿大西海岸一颗闪亮的明珠,加拿大英属哥伦比亚大学坐落于气候宜人、风光如画的温哥华市,历经百余年的长足发展,学校的工程类专业除拥有精通电子工程行业的前沿技术、有着丰富教学经验的教学团队外,还设有多个优质实验室,涵盖了传统工程领域及未来科技的最新研究方向,如纳米电子技术、生物电子学、计算机芯片设计等。"学生们可以在实验室里进行各种理论学习和实践。这种边学习边落地的高实践性教学方式

英属哥伦比亚大学大一开学初期，众多社团开始招聘新生

非常吸引我，可以让我在专业知识上得到快速的进步。"

在加拿大英属哥伦比亚大学，学生可以在第二学年再确定自己具体的专业。"工程类专业的学科内容存在着很大的交叉，我们在第一年学习到了很多不同的知识，这样可以最大化地确定自己最感兴趣的方向。"陈宇轩解释道，"我最终确定的是电子工程学专业，因为在大一学习了计算机编程后，发觉这门课十分有趣。"

在他看来，是计算机芯片的发明打开了通往新世界的大门。当陈宇轩发现人们可以设计出如此小却如此复杂的东西时，他开始想象和思考有什么东西可以理解混乱的 1 和 0 的无尽字符串。

此外，陈宇轩还考虑到了个人未来的职业发展，"电子工程专业所涵括的职业岗位很丰富。计算机工程和电子工程以及信号、半导体材料等相关岗位都与我们所学的知识密切相关，所以我感觉在今后可以做很多事情。"

大二期间，陈宇轩与同学们一起在实验室焊接电路板

如此，选定专业后，凭借着持续不减的热爱，以及专注高效的学习状态，在本科四年的学习时间里，陈宇轩几乎每年都获得了奖学金并录入Dean's List（年度优秀学生名单）。

用技巧化解学业中的压力与挑战

"难"这个字从不是他前进道路上的绊脚石，越是感受到压力和挑战，陈宇轩便越兴奋，对计算机芯片和未来也越有信心。

如今，芯片无处不在，从电脑、智能手机、家用电器到自动驾驶汽车等，无时无刻不在改变着我们的生活。但与此同时，在这个经济全球化不可阻挡的时代，出现了持续的全球芯片短缺。"我想参与这个具有挑战和深刻意义的行业，我想继续努力推进计算机芯片的设计、制造和发展。"

因此，本科毕业后，陈宇轩并未停下前行的脚步，2022年他申请了加拿大滑铁卢大学的研究型硕士并被通信行业内知名教授以全额奖学金录取,研究方向是时下热门领域集成电路及芯片制造。"我期望通过自己的努力,学习到这个领域最尖端前沿的技术,毕业后能投身于中国芯片制造领域的研究,为技术强国和独立制造贡献自己的力量,为中国技术添砖加瓦。"陈宇轩坚定地说道。

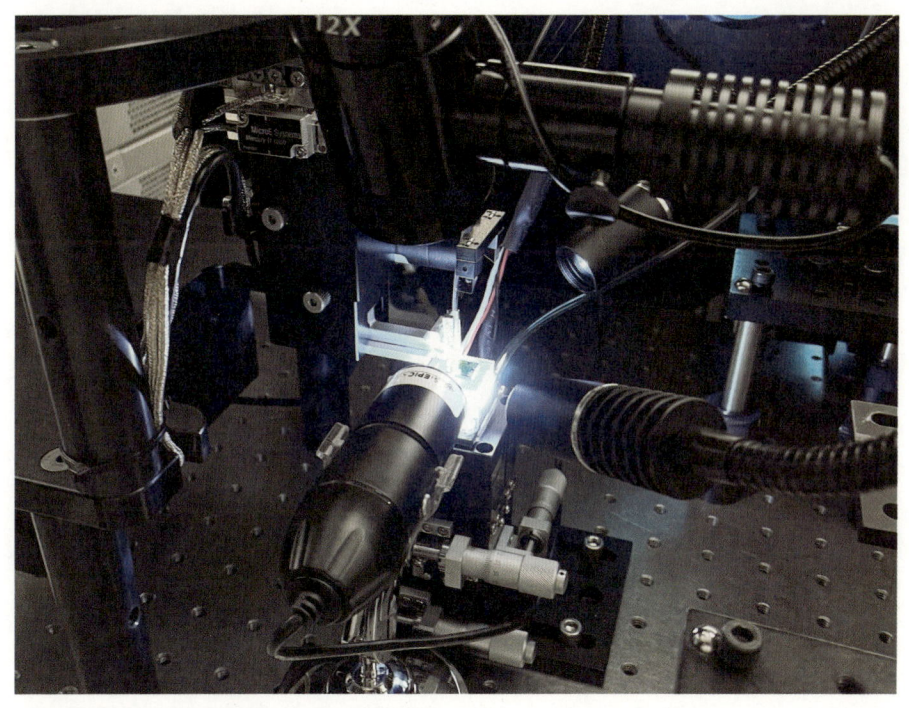

大四时期,陈宇轩在测量板上设计的光电结构

想要做出成绩从不是一朝一夕的事,而是需要长期的积累和不懈的努力。所以在谈及学习经验时,他向我们透露了两个关键点:一是不要用中文去理解这些用英文学习的东西;二是多记笔记,学会正确地记笔记。

很多中国留学生在海外学习的时候,总是会存在一个误区,那就是习惯于用中文学知识,遇到不会的词组和概念时第一反应总想着先把它翻译成中文。"其实,对于我们而言,更应当不断提升自己的英文能力,用英文去理解英文。"

随着智能设备的普及，在加拿大大学的课堂里，也不难发现很多同学都是拿着笔记本电脑或者平板电脑在上课，但陈宇轩却一直保持着使用纸质笔记本听课的习惯。"一方面这样记忆更加深刻，另一方面，并不是说要将老师所说的每一处重点一字一句地记录下来，而是在全神贯注保持听讲状态的同时，将老师课件中没有呈现出来的记住，从而做到'无死角'式的学习。"

生活不止于"学习"二字

"当然，我们也不能做两耳不闻窗外事的书呆子。"课余时间里，陈宇轩也领略了加拿大峻峭的群山和壮阔的大海。尤其是在温哥华的那段时光，在周末，他经常独自乘着公交车去得"稍远一些"，背着相机前往山地徒步，边走边拍，"那宏伟的山峦和绚丽的湖泊总是会让我耳目一新"。除此之外，他也很喜欢在傍晚时分抵达海边，迎着海风优哉游哉地散着步，用心感受海滩上柔软的细沙，消解一周以来的疲惫。

有的时候，陈宇轩还会选一部电影来放松身心。"其实我也算是个有文艺情怀的水瓶座理工男。"陈宇轩笑着说道。他很喜欢看电影，大一的时候还选修了一门与电影相关的课程。"学习了那门课程后，在看电影的时候我会更加注意影片中的细节，比如剪辑的手法以及故事里隐藏的含义，长期积累下来，也使得我有了不少的收获。"

在大三，疫情严重的那段时间里，陈宇轩也没有真正让自己"停下来"。他经常会到学校图书馆一个"人烟稀少"的阅读室，戴上耳机，安安静静地听歌做笔记。"这种状态也使我很放松，偶尔我还会买杯奶茶喝一喝。"

现如今，就读硕士研究生的陈宇轩相较本科期间，少了一些休闲娱乐的时间，但学习生活很充实，他偶尔还会探寻一些美味的中国餐厅。"学会休息和自我提升并不冲突，调整过后你会对未来有一个更加清晰的规划与目标。"

采访时，陈宇轩正计划着继续在加拿大升读博士，他说："正如最开始提到的那样，归国投身计算机研究领域，为国家贡献力量，是我始终如一且不变的初心。"

李存霖

以石油化工为前行方向，赴澳探索更多样的人生

　　通过本科阶段的学习，李存霖了解了石油化工产业上游的生态。本科毕业之后他决定在该领域进一步深造，于是将目光转向了这个产业的下游即化学工程，远赴澳大利亚就读硕士研究生，在澳大利亚的留学经历也使他进一步感受到了不同的教育和文化。本科加上硕士研究生，他用六年多的时间探索了整个石油化工产业上下游的生态，无论如何，他认为他走了一条虽然困难但收获无比丰富的道路。

阴差阳错选择石油工程

说起大学选专业的初衷，李存霖无奈地说道："当时网络信息不像现在这么发达，选择比较仓促。"

李存霖的家乡在陕西西安，陕西省是中国矿产资源大省，煤炭、石油、天然气、有色金属等资源储量丰富。靠山吃山，靠水吃水，陕西的产业结构也以工业、制造业产业为主，李存霖的长辈中大多数从事相关的工程建造及制造业。因此，在他们的影响下，李存霖在选专业时将目光投向了工程方向。

西安钟楼

小时候，除了春节假期，李存霖最盼望的就是"五一"和"十一"这两个小长假。假期里，爸爸妈妈都会带他出去旅游、爬山，饱览各地的美景和大好河山。儿时的游玩经历开阔了他的眼界，让他对"用脚步丈量世界"越发向往，他期待着有朝一日走遍中国的每个角落，去新疆亲眼看看壮丽神秘的戈壁滩，去内蒙古欣赏"风吹草低见牛羊"的秀美景色……怀着"中国这么大，我想去看看"这样朴素单纯的初衷，他下意识地认为，石油工程这个专业可以帮助他实现走遍中国的愿望。

事实上，直到进入西南石油大学真正接触到石油工程这个专业以后，他发现实际情况与他最初的愿望存在一定的落差。"一入学老师就邀请了几位德高望重的老教授给我们讲话，他们说学石油工程要守得住原则，面对星辰大海、面对戈壁、面对高山要耐得住寂寞。"他也在扪心自问，"这种'好山好水好无聊'的生活，我能不能接受呢？"那时，就连他自己都觉得未来是一个未知数。

在深入学习中找寻未来发展方向

西南石油大学的培养模式是"由表及里"的，以李存霖所在的石油工程专业为例，学生在前两年接触的是高等数学、工程力学、流体力学、油层物理等基础性的理论内容，从大三开始依据学生的个人兴趣分流到更细的钻井、采油、油藏三大方向，也对应着石油产业上游的生态。

在所有课程中，最吸引他的莫过于一门叫作"油层物理"的课程，这门课程主要学习关于储层流体、储层岩石的物理特性。李存霖解释道："这门课在石油工程中是承上启下的一门课，比较简明地向我们揭示了在开发油层的过程中具体需要什么样的条件以及实践应用。钻井、采油和油藏三大方向可以说是基于这门课延伸出来的内容。"这门课他学得不错，也为之后选择更具体的钻井方向打下了坚实的基础。

在石油开采的诸多工序流程中，钻井是其中的一个核心环节，它的目的是将钻头钻入地下，建立地面和地下之间的油气通道，方便后续的地下探测或油气生产。然而，这样高专业度的技术对于年轻人来说难度过大，且需要长期的练习才能熟练掌握，一般都是资历较深的"老师傅"才能从事这项工作。作为钻井方向的学生，李存霖不仅需要了解与之相关的原理，还要懂一些钻柱计算，至于钻机模拟控制只是粗浅地体验，而钻井技术对于他们来说过于遥远。校园里每天都矗立着一座全尺寸钻机——这也是西南石油大学的特色景象了，李存霖每天看着钻机都不由得心潮起伏，它足足有27米，相当于9层楼高，据说可以探索到地下5000米的世界。

西南石油大学校园，钻机就在远处静静矗立

西南石油大学钻机

大三时，李存霖按照学校的实习要求来到四川遂宁市的油气田进行为期一个月的实习。在那里，他目睹了油气开采储运的过程，以及那些堪称"庞然大物"的机器运作。工人师傅一系列复杂、专业的程序化操作，令他肃然起敬，但也让他预见了自己未来的工作生活。这时，他内心有个声音，这种"好山好水好无聊"的生活并不是自己真正想要的，他还是更渴望多彩丰富的生活。

然而，相比于"求变"寻找新的兴趣方向，他更倾向于"求稳"，先沉下心来学习专业知识，本科毕业之后再继续深造。他认为，工程类专业的知识繁杂庞大，但本科阶段的学习只是学了皮毛，没有深入内里，所以他想通过深造让自己用更长的时间来探索个人更感兴趣的发展路径。

考研失败，出国求学也一波三折

怀着继续深造的愿望，2018年12月，李存霖参加了当年的研究生招生考试，但可惜的是，他没有取得心仪的成绩，无奈之下只能与研究生失之交臂。没能"一战成硕"，他感到有些可惜，但并不气馁，他内心坚定自信，认为自己"重来一年绝对没有问题"。

这时，家人向他提议："不如出国吧，看看外面的世界。"李存霖转念一想，这也是一条路，而且出国读书也能够满足他向往大千世界的好奇心。于是在家人的支持下，他没有任何犹豫地准备申请澳大利亚的硕士研究生。

澳大利亚素来有"矿车上的国家"的美名，特别是位于澳大利亚西部的西澳大利亚州，矿产资源居澳大利亚全国之冠，铁、金、镍、金刚石、锰、铜、煤、石油和天然气等资源储量大、分布广。西澳大利亚的资源禀赋也决定其出口总额的绝大多数来自矿产石油行业，其中最大的出口市场就在中国——中国连续多年成为西澳最大的贸易伙伴，也吸引了最多的中国投资和中国企业。与之相关的工科专业一直是西澳大学乃至全澳大利亚院校的强势学科。条件如此得天独厚，李存霖在申请澳大利亚硕士研究生时依然延续了本科专业，在同时获得西澳大学和新南威尔士大学的石油工程硕士项目offer

之后，他果断选择了西澳大学。

没想到的是，"尘埃落定"的事情突然再起波澜。在他接受了西澳大学的 offer 之后，校方突然下发通知由于该项目的学生人数太少，不再招生开课了，但承诺李存霖可以在工程学院的其他专业里任选一个方向就读。他感到非常无奈，当时自己也没有更好的办法，出于谨慎考虑，他之前一直学习石油化工行业的上游生态，这一次他"被迫"选择了石油化工行业的下游产业——化学工程，他重新开启了一条此前从未走过的道路。

2020 年年初，还未成行的澳大利亚求学之旅再次遭遇阻碍，突如其来的新冠疫情打乱了他的全盘计划，澳大利亚国境对外关闭。已经拿到 offer 的他担心已经投入的努力变成"沉没成本"，他没有放弃如期读书的决定，而是辗转来到西澳大学在国内专门设立的学习中心进行学习。

在国内的学习中心，努力跟上南半球的课程进度

为了给留学生们提供一个良好的学习环境，西澳大学与国内多所高校合作开设学习中心，李存霖分别申请了合作高校东北林业大学和苏州大学的学习中心，上了一年多的网课，以提升个人的留学学习体验。

通常化学工程专业涉及现代化的生物制药、材料合成、纳米技术等更广泛的范围，西澳大学的化学工程硕士课程更专注于研究传统的石油、天然气的化工，比如先进的气体处理技术、燃烧科学与技术矿物加工技术，还可以探索矿物加工等。

一开始，李存霖首先感到不适应的是上课的时长。一般来说，国内大学一节课的时间通常在 50 分钟左右，而西澳大学一节课的时间长达 3 小时。他回想起当时"备受折磨"的感受："一节课要讲五六十页 PPT，每一页上全是字，老师每一页都要讲，我就很容易抓不住重点。"他只能对着课堂录像反复回看，有时候因为语言问题还要暂停录像在网上查阅单词翻译，经常因为担心错过知识点而一刻不停地做笔记。因此，3 个小时的课程录像他往往要耗费至少 8 个小时的时间才能全部理解吃透。

西澳大学苏州大学学习中心

西澳大学苏州大学学习中心每月会给过生日的人准备蛋糕

除了这种 lecture（讲座式）的课程外，西澳大学还有一种名为"workshop"的课程。这种课程有时以习题课的形式呈现，以确保学生掌握课堂上的知识；有时以研讨会的形式出现，老师会抛出一个开放性的问题，引导学生自由讨论，最后再总结这个问题在实际工程中的应用情况。

谈起与本科学习最为不同的地方，李存霖提起了"大作业"这个令他感觉颇为新奇的考查形式。"大作业"一般都是为了解决具体工程场景中的问题，需要模拟流程、优化流程以提高经济效益、估算各项成本和收益等。而老师只会教授软件的应用和估算的方法，至于具体要如何实施，全都要靠自己想办法解决。为了圆满完成"大作业"，李存霖想尽了各种办法，他把课程录像翻来覆去地看了好几遍，在学校图书馆网站里翻遍了化工设计相关的书，从视频网站上查找相关的视频示例，甚至去一些企业网站寻觅企业自身的解决方案，最终他融合各种渠道获得的启发，形成自己的思考，才整合出一篇满意的报告。虽然过程非常"痛苦"，但李存霖认为，每次"大作业"推进的过程都收益良多。努力完成的"大作业"最终获得 80 多分（High Distinction，评分的最高等级）[①]，这样的好成绩令他心满意足。

结束自然愉悦的澳大利亚留学之旅，开启新的人生

就在李存霖以为要在国内读完硕士课程的时候，2022 年 2 月，澳大利亚全面开放边境，他终于结束了在国内的停留，启程飞向另一片大陆。

澳大利亚以自然风光秀美而闻名于世，而西澳大学所处的西澳大利亚州的自然风光与生态环境仍保留着原始状态，是最能领略澳大利亚风情的地区之一。因此，在西澳大学的校园里，随处可见纷繁茂盛的花花草草、道路两旁高大的榕树和密密匝匝的松树，李存霖偶尔还能遇见野生的小动物穿梭在校园中，遇到海鸥从他手中啄食。这里的一切都是那么令人心旷神怡。

---

① 澳大利亚院校的评分标准是 50 分就可以及格通过。

从国王公园(King's Park)俯瞰珀斯市中心

除了优美的自然环境,西澳大学还尽心尽力地为学生提供各种便利的设施和学习条件。李存霖在期末赶论文的时候,经常在图书馆里通宵学习,图书馆中备有淋浴间供学生淋浴休息。此外,如果图书馆位置不够,在任何一间教室都可以通宵学习,教室里还备有电脑,学生能够用电脑连上学校内网查阅资料。李存霖感慨道:"西澳大学确实给学生提供了优越的学习条件,就看你自己用不用心学了。"

西澳大学图书馆

2022年11月,李存霖结束了为期两年半的硕士项目,从西澳大学正式毕业。他认为,无论是吃穿住行,还是新能源的发展,都涉及化工技术的应用,而国内经济的向好发展和"制造强国"战略目标让他对化工行业的发展充满信心,也必将助他在求职市场上争得一席之地。

如今,他已经入职了石油相关行业,所从事的工作内容与曾经的学习专业也比较贴合。兜兜转转,他在求学道路上不断完善自身实力,最终从事了与石油化工专业更加契合的工作,从此新的人生图景和职业之路在他面前徐徐展开。

张雪莹

远赴荷兰，在生物科学领域找到人生方向

2022 年，张雪莹坐上了前往荷兰的航班，开启了自己的留学生活。这座小小的西欧国家不仅承载了她对生物科学的科研理想，更让她体验到了不同国家的教育模式，感受到了这个世界的宽广与辽阔。

与想象中不一样的生物学

在高考时，张雪莹并没有报考如商科、工科等时下热

门的专业，而是选择了在互联网上被称为"天坑"的生物学。谈及当初为何做出这样的选择，她的答案是"喜欢"。她对动物和植物有着天然的好感，与它们相伴，她感到安心与快乐。她对整个地球生态圈也充满了好奇，整个生态链是如此地奇妙，伴随着岁月的流逝，物种不断地变化与进化，但始终维持着微妙的平衡。她希望能在这个领域里学习，探寻物种变化的成因始末，了解动植物的分类，以及探索人类所处的自然生态结构。

然而，真正的生物学学习并不像张雪莹设想的那样简单。她就读的北京林业大学生物学专业会教授学生如基因调控、信号通路等更深层次的生物学知识。这让她有些意外，也让她怀疑自己当初报考专业的时候是否有些草率。但这种疑虑并没有维持很久，在经过一段时间的学习之后，她发现所学的内容是生物学的基础课程，想要了解动植物生长发育规律、形态结构特征及生物学功能，这些基础内容是无法绕开的。

"虽然我本科时所学的内容跟我一开始的设想有些出入，但我后来觉得还是可以接受的。"张雪莹表示，"不论学哪个专业，只要跟生物学相关，都要学习生物的基础知识和技术，要有一些化学知识的储备。"

张雪莹在本科阶段学习制作标本

在大二那年,张雪莹所就读的生物学专业开始进行分流,将学生拆分到生物科学和生物技术两个方向去学习。这是两个完全不同的方向,生物科学更加偏向学术科研,旨在培养学术型人才,而生物技术则聚焦于现代生物技术的教学和实践,培养技术型人才。张雪莹选择了生物科学方向,因为她发现自己对生物个体本身的奥秘以及不同物种之间的关联更感兴趣,想要有更深入的学习和研究。同时,她也发觉本科阶段的学习还是以打基础为主,很多方向性的内容只能接触到表面而无法进行深入的学习,也就在此时,她有了继续深造的想法。

选择留学,深度探索自己喜欢的领域

留学想法的诞生是在大三下学期,那个时候,张雪莹的同学不约而同地开始为自己的未来考虑出路。张雪莹也在思考,由于她所学的方向学术性较强,继续深造成了自然而然的选择。

生态保护是当今世界发展中的重要课题,欧洲作为世界上经济发达地区,对环境污染的治理以及生物多样性的保护开展得较早,环保产业发展也

荷兰生态环境良好,在这里生活的动物随处可见

居世界前列。早在1866年，德国生物学家恩斯特·海克尔就对生态学提出了理论性概念及定义。他认为生态学是研究动物与其有机及无机环境之间相互关系的科学，特别是动物与其他生物之间的有益和有害关系。这个理念的诞生也揭开了生态学发展的序幕。

张雪莹想要继续深造的方向就与生态及物种保护相关。不可否认的是，由于西方国家对于生态及物种保护相关研究开展得较早，他们在这个领域已经取得了一定的科研成就与成果。也是基于这样的现实，张雪莹想要出国深造，在生态学领域深耕，她说："我国是生物多样性最为丰富的国家之一，且近年来国家在大力推进生态环境和物种保护，我相信这个方向不论是就业还是科研方面前景都非常好，而这也是我非常感兴趣的方向。"

启程荷兰，体验异国风情

就如同之前报考大学专业一样，在留学上，张雪莹也没有选择当下热门的留学国家，而是转向了小众的欧洲。"我主要还是考虑欧洲这边，尤其是北欧国家。"她表示，"这些国家鲜有人去留学，我想去体验一段与别人不太一样的留学生活。"

在阿姆斯特丹，很少见到车水马龙的景象，生活安逸而舒适

荷兰的阿姆斯特丹大学是张雪莹的最终留学目的地。这所大学位于荷兰首都阿姆斯特丹市，是一所研究型大学，有着近400年的历史，几乎与这座城市融为一体。在17世纪30年代，荷兰人迎来了独立，阿姆斯特丹大学诞生，某种程度上，这所大学所经历的风雨也是荷兰某个历史阶段的缩影。

除了学校悠久的历史文化，她所选择的专业课程设置也令她心仪。"我现在的专业方向是生态与进化，它还是属于生物科学，但是会偏向于物种保护等相关内容，我觉得还挺有意思的。"张雪莹表示，"其他高校开设的专业大多数是生态学、生态保护学等，我还从来没有见过把生态和进化这两个论题结合在一起的，这让我非常感兴趣。"

阿姆斯特丹大学的教学方式与国际上大多数高校不同，它是以一月一课的形式对学生进行教学。简单来说，就是一个月只上一门课，这个课程学完就马上考试，然后在下个月进行另一门课程的学习。"基本上等于每个月都要学习新的课程，准备新的考试。"张雪莹表示，"除了这种结课考试，平时小组作业也比较多，还有很多小考，总的来说，压力还是蛮大的。"

虽然课业和考试压力比较大，让她在初到荷兰时有些小小的不适，但度过了一段适应期后，她体会到在这不同课程制度里面学习的快乐。"我觉得这种教学方式其实也是很不错的。可以让我在一个固定的时间里专心学习一门课，学习更有针对性，也能学得更扎实。"

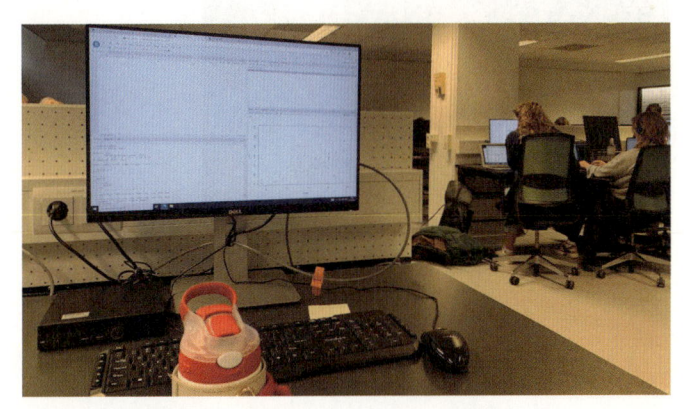

生态数据分析课的教室，设备都比较新且老师会根据需求提供一对一辅导

享受当下,未来可期

对于像荷兰这样的欧洲留学国家,很多想来这里留学的人都有语言方面的顾虑。不过张雪莹表示完全不需要有这样的担心:"这里英语普及率非常高,不论是本科生课程还是研究生项目,都以英语教学为主。"

大概是一般人不会选择去荷兰读生物科学专业,整个专业只有她一个中国人,在刚开始不太听得懂课的时候,连个可以求助的同学都没有——这是唯一让张雪莹感到发愁的事情。其实张雪莹的语言考试成绩并不低,但在实际应用以及专业课上使用的语言,还是与考试不同。"生物学科本来专业词汇就比较多,不过好在这里的老师和同学都非常友好,如果有听不懂的地方可以在课上随意打断,请老师帮忙解答,不过我更喜欢下课再问老师或者发邮件。"张雪莹说。

阿姆斯特丹又被称为"北方威尼斯",城市里河道、桥梁众多

虽然在荷兰只生活了一年，但张雪莹非常喜欢这里的环境和气氛。这里生态环境优美，生活节奏相对较慢，走在街上经常能看到坐在路边喝咖啡聊天的人们。她也被这里的气氛感染，像本地人一样骑自行车出行，穿行在这座河渠纵横、桥梁交错的城市中。

对于未来，她早已有了方向，希望未来能回国从事与动物保护相关的工作。

当前，全球物种灭绝速度不断加快，生物多样性丧失和生态系统退化对人类生存和发展构成重大风险。而在引领全球生物多样性治理新征程中，中国率先提出多个倡议，例如：加快构建以国家公园为主体的自然保护地体系，构建起碳达峰、碳中和"1+N"政策体系，等等。人与自然是命运共同体，只有齐心协力，共建地球生命共同体，才能真正实现人与自然的和谐共生。

"之所以选择生物与进化这个专业，也是希望可以更深入地了解生物是如何在自然选择下经历一次次进化的。"张雪莹郑重地表示，"只有充分了解物种进化的内部机制以及生态环境是如何对生物进化造成影响的，我们才能提出有针对性的措施。我也希望能尽最大努力为我们国家、为地球的生物多样性做出更多贡献。"

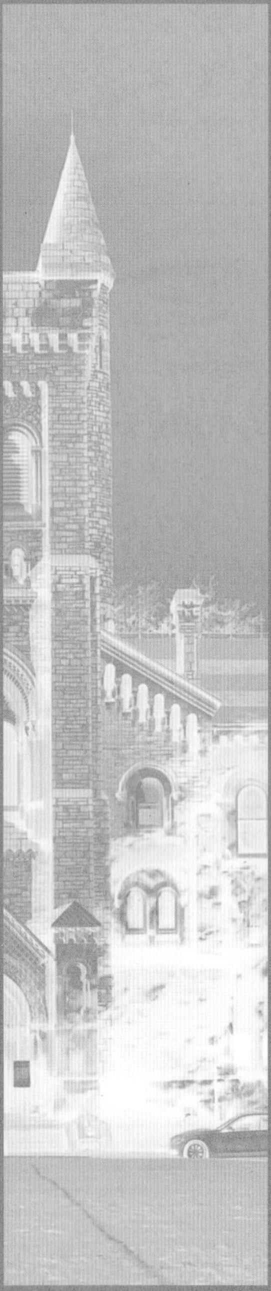

BEYOND OVERSEAS
STUDYING

2

新医科：
探索创新高地

黄绮雯

从哈佛到牛津，在癌症研究的道路上一直前行

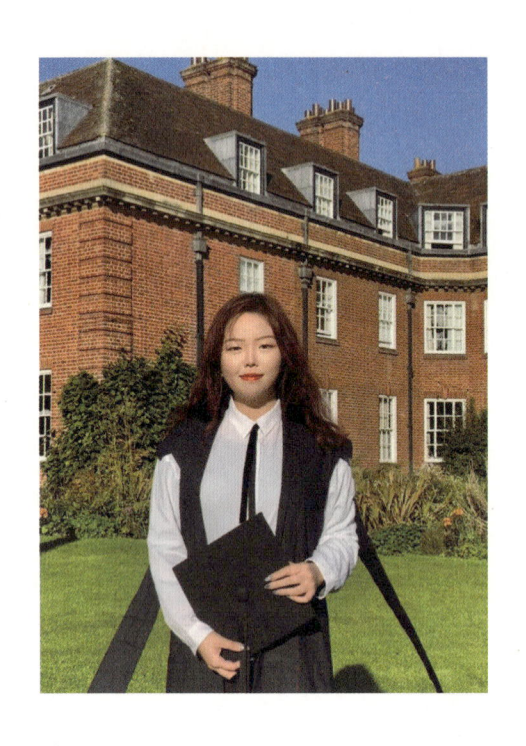

2023年3月，已经手握牛津大学肿瘤学博士offer的黄绮雯还在世界各地奔走着。她还想再多看看其他高校提供的博士研究环境和机会，为此几乎把欧洲转了个遍，与不同高校的教授、研究人员进行面试沟通，了解他们的科研方向和风格，体验不同国家的风土人情。这些交流虽然短暂，但仍让她收获颇多："我始终相信只有亲身经历，才能更了解他们在做什么、想什么，是否与我想要研究的方向一致。"

从迷茫到找到人生方向

2017 年，黄绮雯来到加州大学洛杉矶分校（UCLA），开始了她为期四年的大学生活。与大多数中国孩子一样，在进入大学之前，她并不确定未来自己到底想要做什么，也不清楚那些种类繁多的专业到底会将自己引至何方。之所以选择 UCLA，不仅是因为喜欢加州的气候，还因为这所学校可以以"不定专业"（Undecided）入学，这样她可以有更多时间去探索和发现自己的兴趣与志向。"我觉得这个选择对于当时的我来说很合适，"她表示，"让我有机会探索更多的可能性。"

允许学生"不定专业"入学是美国高校在本科阶段教育上的一大特色，这与美国整个高等教育体系对通识教育的重视不无关系。通识教育也被称为博雅教育，起源于古希腊的"自由教育"，倡导人的和谐发展。在 20 世纪上半期，时任哈佛校长科南特对哈佛大学的课程改革使得通识教育在美国声名鹊起，他认为本科是一个探索、求真的阶段，学生应该尽可能广泛地挖掘自己的兴趣。也正是秉承这样的教育理念，美国很多大学设置了"不定专业"的申请方式。如果学生以"不定专业"方式入学，那么他们可以在大一、大二期间选修不同领域的课程，接触探索不同专业方向，帮助自己找到真正的学术兴趣所在，并在大三阶段进入相应的专业去深度学习。

UCLA 校园风光

然而这种入学方式并非完美。对于黄绮雯来说,这种方式确实可以帮助她找寻到自己的未来方向,但也让她上了很多"累赘课程"。这些课程在她确定了方向之后,会因为与所定专业无关,不被计入学分。"尤其是在第一年我还上了一些教授得比较深入也比较难的课程,这些课程最后成绩不是特别理想。"黄绮雯有些遗憾地表示,"这些课程虽然不会被算在学分里,但会留下痕迹,也在一定程度上影响了我的总成绩。如果一开始就决定好要学什么课,并且去学自己比较熟悉方向的课程的话,相信最后的结果应该会更好。"

　　综观本科四年,黄绮雯的学业成绩只是在第一年稍显薄弱,有初来乍到的因素,也有因为迷茫而走了些许"弯路"的因素。但经过这一年的学习,她已经能够很好地适应这里的节奏,也能很好地安排自己的生活。在后来的三年里,黄绮雯经常登上院长名单(Dean's Honor List),并最终凭借优异的成绩受邀加入美国大学优等生荣誉学会(Phi Beta Kappa)。

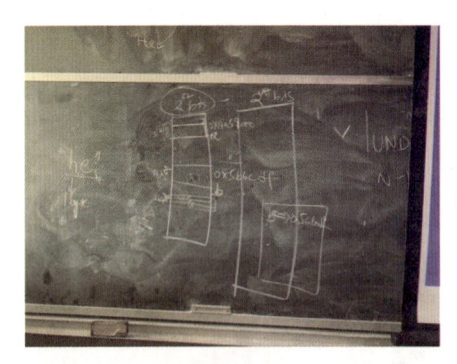

在 UCLA 里上课、做实验的时光

在这个过程中,她也找到了自己未来想要持续深耕的方向——癌症的研究。几百年来,人类对于癌症的探索从未停止。从手术切除到放射治疗再到靶向治疗药物的出现,随着世界科技水平的不断提高,癌症的治疗手段越发多样,效果也越发显著。可以说,在癌症的研究上几乎凝聚了全人类的智慧。

这个课题也深深地吸引了黄绮雯。在一次科研实习中,她负责做癌症靶向治疗的相关论文检索的工作,这需要她翻阅大量相关研究论文,并分门别类、归纳整理。癌症作为世界上最前沿的医学研究领域之一,相关论文中也包含着大量具备前瞻性的科研理念和技术,这些内容令她耳目一新,也让她感受到人类在与癌症抗争的过程中,一代又一代人的努力与坚持。她想要加入其中,用自己的力量为癌症的治疗做出贡献。

选择哈佛大学,继续科研理想

敲定了未来方向,继续深造就成了一件顺其自然的事情。而那时,黄绮雯也没有想到,之前一些让自己有些困扰的无谓课程,成了自己在硕士申请时的助力。

本科阶段,黄绮雯最终选择入读分子、细胞和发育生物学专业,同时辅修计算机专精及比较文学两个专业。这三个专业跨度如此之大也是由于在大一、大二时期,她修读了各式各样的课程,而这些课程足够帮助她选择出一个主修专业外加两个辅修。

四年的学习生活忙碌辛苦,却也给黄绮雯带来意想不到的收获。在申请硕士项目时,她投递了包括哈佛大学、哥伦比亚大学、卡内基梅隆大学在内的多所美国知名高校。其中,哈佛大学的计算生物与定量遗传学硕士项目是她最没有把握的尝试。这个项目在全球每年只招收十余人,竞争非常激烈。且由于该项目的课程内容交叉性较强,需要申请人既有数学科学或相关领域的学历背景,又接受过生物学科的学习训练,熟悉分子生物学和遗传学,最好还具备计算机脚本和编程方面的实践知识,可谓是要求严格。但受益于本科期间修读的那些"无谓课程",黄绮雯完美地契合这个专业的"三维标准"。

在经历了一段时间的等待之后，哈佛大学向她伸出了橄榄枝。"有一段时间我都觉得像是做梦一样，自己都不敢相信自己真的得到了 offer。"黄绮雯感慨道，"当时恨不得自己能赶紧入学，也特别好奇自己在未来的学习生活中会遇到什么样的老师和同学。"

从西海岸到东海岸，体验名校魅力

与加州一年四季皆温暖宜人的气候不同，哈佛大学所在的波士顿位于美国的东北部，四季分明、冬冷夏热。自来到美国求学，黄绮雯从来没有体验过零摄氏度以下的生活，也从未见过几乎能把汽车淹没的大雪。

除了对气候的新奇感，在哈佛大学的学习生活也让黄绮感到满足。她认识了很多拥有不同学术背景、文化背景的同学，也结识了很多朋友。这些人虽然有着各自不同的经历故事，但相同的是，他们都对自己想要发展的领域或方向有着十足的热情和好奇，而这种单纯的、赤诚的想法让他们在科研进程中不断前行、突破。"我想这大概就是哈佛大学比较看重的一种品质吧。"黄绮雯总结道。

在哈佛大学学习、工作，窗外就是波士顿城市风光

在哈佛大学求学的日子里，压力一直伴随在黄绮雯左右。即便已经有了四年的本科经历，但硕士课程的难度还是给她带来不小的挑战。在她看来，硕士阶段的学习和研究更强调自学，这个自学不仅仅在于理解某个知识点的含义，还要利用它来解决科研过程中产生的问题。在学习和科研的进程中，未知不断出现，这也让黄绮雯每天的工作量很大，需要不断地去攻克难题。

尽管本科期间的学习压力与硕士不可同日而语，但黄绮雯在科研学习中也渐渐找到乐趣。在第一年，她开始了在麻省理工学院（MIT）的机器学习和进化遗传学课程；第二年，她来到哈佛大学医学院，也是在这段时间的学习和研究过程中，她萌生了读博的念头。

彼时，黄绮雯作为研究实习生，在世界知名医院同时也是哈佛大学医学院附属医院布列根和妇女医院（Brigham&Women's Hospital，HMS）辅助进行乳腺癌转录因子和通路失调项目的研究工作。在这个项目组里，导师给了她很大的自由空间，让她去思考有什么问题可以从海量的研究数据中挖掘出来，不断地更新迭代自己的算法和方向。她就像海绵一样，每天都在吸收新的知识，发现新的事物，观察新的变化，这让她非常享受。在日复一日的科研进程中，她感受到自己的学识不断丰厚，灵魂不断得到丰盈。她想要继续下去，想要继续从事科研工作，为整个领域做出一些贡献。

黄绮雯从哈佛大学顺利毕业，即将踏上新的学术历程

申请读博，冲向世界

黄绮雯想要读博的念头涌起时，距离大多数世界知名高校的申请截止日期已经不远了。博士申请与本科、硕士申请相比更加复杂，申请周期一般也更长。每一位博士生导师都会对自己的博士生申请人进行综合考量，同时也会抽出时间来与自己感兴趣的博士生申请人进行沟通，从专业背景、科研水平等维度来评判是否给予录取。而这也意味着，如果黄绮雯想要被自己心仪的导师录取，就需要做好全方位的准备，从平时成绩到个人陈述再到研究计划，尽可能展现自己的优势。

而当时的黄绮雯正值研二，除了完成日常的课业，她还要做科研、当助教、准备毕业论文，时间管理成了她当时的最大挑战。然而即使再忙碌，黄绮雯也坚持与不同国家的意向高校与心仪导师一对一面谈、沟通，互相了解彼此的研究特点、个人性格，体验对方所在高校的科研环境氛围。"仅从官网上那些只言片语中了解，其实很难100%了解他们的研究是什么样的，如果我能提前去参观这些学校，了解其科系情况，会更有把握一些，毕竟博士申请其实是一个双向选择的过程。"黄绮雯总结道。

牛津大学知名胜景叹息桥（左）及校园风光（右）

凭借着接近满分的 GPA 和多段扎实的科研经历，黄绮雯最终成功斩获牛津大学的肿瘤学博士录取。即便已经手握 offer，但她仍然觉得，博士项目申请能否成功，还需要有很好的运气。以英国牛津大学为例，在 2021—2022 年申请季中，牛津大学的中国申请者约有 2814 人，最终只有 269 人收到 offer，其中博士学位仅录取 69 人，可谓是"优中选优"。

现如今，黄绮雯已进入牛津大学医学科学部肿瘤学系进行学习，并在表观遗传学研究领域中进行科研学习及工作。牛津大学的医学科学部是国际公认的生物医学和临床研究与教学卓越中心，是世界上最好的五家生物医学机构之一。其中，肿瘤学系是最具规模的科系之一，也是全球著名的肿瘤诊疗和研究机构。这个始建于 2010 年 10 月的学系一直将提高癌症治愈率作为自己的终极目标，并围绕 DNA（包括 DNA 损伤、修复和复制）、细胞和组织生物学（肿瘤微环境）以及免疫生态学（包括癌症疫苗和病毒治疗）这三个核心研究主题展开，致力于利用癌症生物学转化为癌症患者提供更好的治疗方法。

综观黄绮雯的求学历程，从迷茫到坚定，最终在癌症领域里找到了自己的执着所在。从美国到英国，她不甘心偏安一隅，期待自己能够看到更大的世界，见识到更多的人，发现更多新的事物，有新的成长。每一天，这个世界都会有新的事物出现，哪怕只是在癌症研究领域，也会有新的方法、新的思路、新的研究诞生于世，让她不断去汲取、去收获。

对于未来，黄绮雯想要继续做研究，去做自己所热爱的事，"如果有一天我觉得我自己太穷了，我可能就不做学术研究了。"她开玩笑说，"但只要还能继续，我就会一直坚持下去。"

刘思辛

追随科研理想赴美读博,跨越国界开启求知之旅

经过了国内本硕口腔医学专业的学习,以及一段短暂的工作经历,刘思辛明确了她内心最大的兴趣点——投身科研领域,并也因此坚定了去美国留学读博的决心。刘思辛期望通过国际性的学术平台,来培养自身成为一名科研

工作者应当具有的独立性，全方位提升她在科研道路上持续钻研的能力，从而为今后的"科研梦"打好扎实而稳定的基础。

在迷茫和质疑声中找到自己的路

"我不认为辞职后，再用五年的时间来出国读博是一件成本很高的事情。"刘思辛说，"能够日复一日地提升自我，是不能被简单量化的。"

在选择留学之前，用一个词语来概括刘思辛的学业道路，应该就是"顺风顺水"了。她本科就读于南开大学医学院正畸专业，在2016年前往四川大学华西口腔医学院口腔医学正畸方向继续深造。这两所院校的正畸专业在国内口腔医学领域都享有非常高的声誉，为众多学子提供了优质的教学和实践资源。因而，在很多人的眼中，刘思辛无疑是优秀学生的代表。

但令人意想不到的是，硕士毕业后，刘思辛却没有和大家预想的那样留在医院成为一名牙科医生，而是毅然决然选择了一家口腔医疗相关企业。"其实不少身边的人会感到有些许出乎意料。"刘思辛回忆道。因为在周围人的眼中，牙科医生不仅是一个更加体面的职业，也能够赚到不菲的工资。

"这可以说是我第一次大胆地冲破了自己的舒适圈，也可以算是我人生中的一段 Gap Year。"那时，刚刚走出象牙塔的刘思辛也难免迷茫，一方面，她发现无论是本科还是硕士期间的教育经历，都更多地偏向于临床而非科研，而自己似乎更倾向于科研工作；另一方面，她也很想了解自己是否适合公司、企业的工作模式。"所以我果断接受了公司的 offer，思考着去感受不一样的环境，趁此机会沉淀下来，想想今后的发展道路。"

不过，也正是因为这段工作经历，最终让刘思辛坚定不移地打开了人生中科研的大门，"出国读博"的想法被正式提上了日程。每天流程式和流水化的工作让她感到自己离心底的兴趣与理想越来越远。所以，2022年的那个冬天，刘思辛没有丝毫拖泥带水，干脆利落地递交了辞职信。虽然彼时的她对留学没有十足的把握，但还是决心大胆尝试，放手一搏。"我认为我是一个很有想法的人，也庆幸我有一个无条件支持我的家庭。"她回忆道。

基于对科研的热爱，选择留学院校及专业

"在博士专业的选择上，我期望自己在未来的学习中，能够全方位提升自己的科研知识和能力。"刘思辛透露。

当前，随着科技和社会的快速发展，许多国家都越来越重视跨学科、交叉学科的留学博士。这是因为跨学科和交叉学科的研究能够促进不同学科之间的合作和创新，有助于解决复杂的现实问题。中国政府也出台了一系列政策，鼓励和支持跨学科和交叉学科的发展。国家自然科学基金委员会也面向社会推出了"科学挑战计划"，旨在促进不同学科的跨界研究。

与此同时，一些顶尖高校和研究机构如清华大学"可持续发展交叉研究中心"等，也开始开设跨学科专业或课程。在国际上，许多国家都已经高度重视跨学科、交叉学科的研究，如美国、加拿大、英国、德国等。这些国家拥有世界领先的大学和研究机构，提供了丰富的跨学科和交叉学科的学习机会。

因此，基于专业发展的考虑，经过综合对比不同国家的科研实力、学费、奖学金发放、培养方向等，刘思辛最终将目光锁定在了美国的密歇根大学安娜堡分校的口腔健康科学（Oral Health Science）博士项目。

密歇根大学安娜堡分校校园风光

位于密歇根州安娜堡市的密歇根大学安娜堡分校，距离底特律市大约 64 千米，是一所享有盛誉的研究型公立大学。学校的口腔健康科学博士项目旨在培养口腔医学生物学、临床口腔医学和口腔公共卫生等领域的专业人才。学院里实验室众多，研究方向涵盖口颌面相关的发育生物学、神经科学、生物材料学、干细胞等非常广泛的领域，这些科研资源可以为刘思辛提供广阔的平台和丰富的合作机会。

克服语言关，从一筹莫展到游刃有余

得益于优秀的成绩、学历背景以及丰富的履历，刘思辛的博士申请过程很顺利。

但回忆起刚到美国时，面对地道的美式发音，她也难免经历了一段时间的磨合与适应期。学院里绝大多数学生都是美国本土学生，所以对于她来说课前课后的交流都有着不小的挑战。"最初我也闹了不少的笑话。"刘思辛笑着说，"在刚来不久的一个迎新 party 上，我的美国同学们几乎都听不懂我在说什么。"

不过，这也不失为一个非常好的语言学习的契机。虽说项目里会讲中文的同学寥寥无几，但刘思辛有了更多锻炼自身口语表达的机会。通过日常与本土学生不断的沟通、交流，她的口语能力获得了大幅度的提升。

入学后的下半学期，刘思辛大胆选择了两门很有挑战性的专业课。"这两门课如果能顺利学下来，会非常有用。"不过，面对充斥着各种专业词汇的课程，刘思辛再次犯了难。"前几节课令人崩溃，两小时的课，好像硬生生听了两个小时的天书。"

于是，埋头图书馆和实验室成为刘思辛那时的常态。她每周抽出至少 20 个小时，反复听读课程转录，沉浸式提升自我。有时，从教学楼出来的时候天色已晚，也难免困乏，她便会去买一杯咖啡，留给自己放松的时间。厘清思绪后刘思辛便返回落座，继续手上的研习内容。渐渐地，她已能够在充满复杂难懂的专业词汇的课程学习中做到沟通无阻、游刃有余。

密歇根大学安娜堡分校的图书馆学习室

不断深化的科研思维

按下了学习深造的加速键后,刘思辛发现,在这里,教授更加重视帮助学生建立起科研的思维方式,而非单一地向学生灌输书本上的基础知识。

以神经科学这门课程为例,教授甚至会单开一节课,从"神经学是怎么发展而来的"说起。教授将20世纪关于神经的一场实验娓娓道来——这场实验是如何设计的,这场实验最终发现了什么,有怎样的漏洞,后续人们又是如何在这场实验的基础上产生新的想法的。

学会探索和理解复杂的问题和现象,不断地反思与重构,这种辩证的研究方法,让刘思辛更加深刻地明白逻辑思维能力对于科研人员的重要性。

近年来,随着我国经济的快速发展和人民生活水平的不断提高,人们对口腔健康问题的关注度不断加强。因此,拥有口腔健康科学专业高层次人才非常必要。对于口腔健康问题,如治疗方法、预防措施、营养需求等,可能存在多种看似相互矛盾的观点。这就需要口腔领域的专业人才具备识别多种问题的能力,并通过分析这些问题的共性和差异来找到最佳解决方案。

在变量中寻求机遇

"我认为人生是有阶段性的,没有经历过一定的阶段,很难对未来有一个非常具体的规划的。"刘思辛说道。但在谈到今后的学业发展时,她表示虽然没有想得过远,但有一点可以肯定,她会继续攻读博士后。

未来的发展充满着未知的变量,尤其自己还处于博一的阶段,今后还会有大约五年的时间去完成博士学习。所以,刘思辛目前计划更多的是在看似漫长却有限的时间里,争取多发表一些高质量的课题论文,为今后的博士后申请做好充足的准备。

此外,她还会试着与自身情况相类似的留学生多接触与沟通,期望能够提前了解前辈们对于博士后方面的想法和规划,例如:除了论文外还需要做哪些事,难度会有多高,会有多大的时间跨度,等等。与此同时,多搜索和了解美国或者世界上的一些顶级的细胞生物学实验室,从而发掘自己最感兴趣的方向与领域。

"出国读博士后对我最大的改变就是个人眼界更开阔,站在更高的层面和视角上去思考自身的专业能力。"刘思辛说,"美国是一个全世界形形色色人群的集聚地,他们中不乏各个国家的精英人才,值得我去学习与看齐。"这也是为什么刘思辛也建议今后出国留学的学弟学妹们,敢于尝试同当地学生交朋友,在求同存异中,感受不一样的科研思维模式。

如此,在不同文化的激荡下,以及专业能力的不断提升中,刘思辛也正怀揣着一颗更加包容和开放的心,继续踏上了寻找自己未来发展机遇之路。

孙泽远

从公共卫生到儿童精神病学，实现自我价值和社会价值是恒久的驱动力

接触过公共卫生和临床一线工作的孙泽远，深知临床医学在中国庞大人口基数下的局限性，而这也让他感受到，在现阶段国内精神卫生还存在着较大的发展空间。加之，本科期间尼泊尔和斯里兰卡的支教经历令他意识到，自己很适合也很愿意和孩子们一起工作、生活。于是，结束硕士研究生的学习后，他选择继续留在英国读博深造，继续进行儿童精神病学方向的研究。

支持与鼓励，是家庭教育的关键词

对于孙泽远来说，他的学业成长之路与家庭的影响和支持是密不可分的。"我们家的英语学习氛围很浓厚。"孙泽远在谈及优异的英语成绩时回忆道，"首先，这得感谢我爸爸，想要说一口流利标准的英语，多说多练是最重要的。"小时候只要他想说英语，父亲就会摇身一变，成为一名称职的"陪练员"，和他用英语对话。在父亲看来，英语是交流的工具，而非考试的一门学科，只有融入英语的语言氛围中，才能避免"哑巴英语"，也能时刻保持对于语言学习的兴趣和热情。在这种教育氛围下，孙泽远在大学虽然以优异的六级成绩免修英语，但他仍然报名了英语双学位以维持英语学习的语言环境。直到现在，他依旧严格保持着练习英语的频率，并出于兴趣主动学习法语等其他语言。

除了父亲的理解和尊重，令孙泽远感激的还有母亲水滴石穿般的培养方式。"可以说，从记事儿起到高中的每一天，我妈都会对我保持一个习惯，那就是在每天清晨播放英语磁带。"虽然当时磁带里说了什么内容，早已记不清，但让他印象深刻的还是当初沉浸在英语环境中的氛围与感觉。

母亲的职业生涯也深深影响了孙泽远。"她不仅是一名专业的精神科医生，还是一名非常优秀的心理咨询师。"在长期的耳濡目染下，孙泽远自小也对心理学和医学有着十分浓厚的兴趣，并逐渐确定了学医的志向，并顺利被久负盛名的四川大学华西公共卫生学院录取，攻读预防医学专业。

开阔眼界，确定求学发展方向

上了大学后，孙泽远有了相对高中时期更加自由的时间，他希望自己可以尽可能地多出去走走，看看这广大世界。自大一开始，他便利用假期去斯里兰卡和尼泊尔的小学支教，在担任教学辅导工作的同时，学会适应和接受不同的文化和生活方式。在支教过程中，他教授孩子们更多的知识和技能，帮助他们更好地了解自己的价值和潜力。而这段支教经历，也为他未来博士

在斯里兰卡支教期间，孙泽远教孩子们学习

阶段的方向选择埋下了一颗种子。

  2019年的夏天，继前往美国友好学校进行暑期实训，代表学院前往俄罗斯进行文化交流和比赛之后，孙泽远再度走出国门，前往加拿大英属哥伦比亚大学参加公共卫生方向暑期学分课程。海外高校对于精神卫生全球化的学术视角让他耳目一新，这种新鲜的教育体验也令他坚定了未来出国深造的想法。

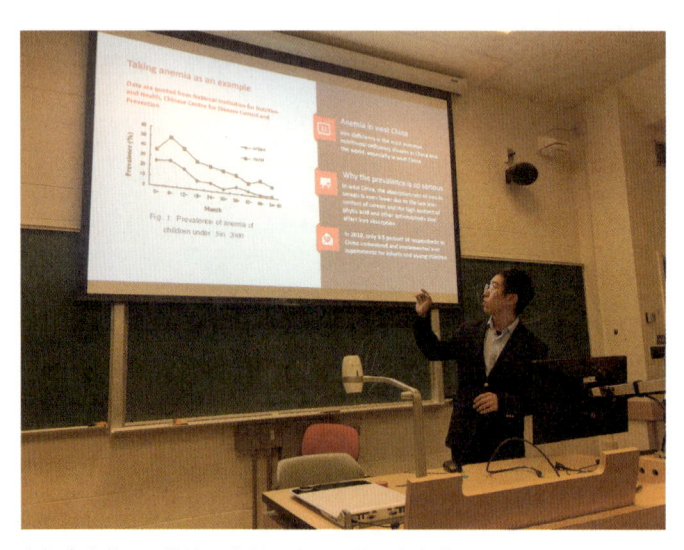

在加拿大英属哥伦比亚大学，孙泽远做课堂演讲

在此后的时间里，孙泽远接受了大量基础、扎实的科研训练，并发表了多篇文章，为未来的学术道路打下了坚实的基础。孙泽远对公共精神卫生方向的兴趣日渐浓厚，本科毕业后他成功申请并入读了英国伦敦国王学院的全球精神卫生硕士专业。

瞄准目标，在热爱的专业中越走越远

作为世界一流的综合性研究型大学之一，伦敦国王学院在全球范围内拥有很高的声誉，尤其是心理、精神病学和神经科学专业排名居世界前列。其全球精神卫生硕士专业由伦敦卫生与热带病医学院联合培养，课程涵盖了公共卫生和心理、精神病学的多个方面，包括全球精神卫生导论、社会心理、循证医学，以及统计学基础和进阶统计学等科目。除了师资力量颇丰，拥有多学科领域的专家教授，该专业还提供了丰富的研究选题和模拟学术活动的场合，让学生能够快速地获得前沿的全球精神卫生知识和实践经验，为未来的职业生涯打下坚实的基础。从这里走出的毕业生们多会前往世界卫生组织、欧洲和全球各级非政府组织、各级医院和高校深造。

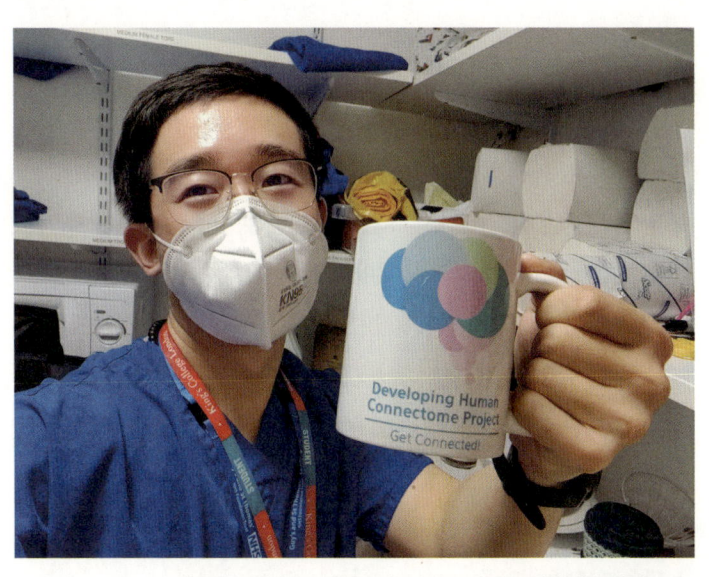

在英国学习期间，孙泽远来到 KCL 附属医院做数据收集工作

在这短短的一年时间里，孙泽远可谓收获颇丰。导师时常会鼓励他和同学们用批判的眼光、以严谨的态度分析问题，尝试掌握和运用跨多学科的知识来解决复杂的问题。在课后，通过积极参加学校举办的周期性讲座，以及能够提高学术水平的各色活动，他不仅大幅提高了专业学术水平，还发现了自己在儿童心理健康这一细分方向上有着浓厚的兴趣，并萌生了在这一领域深造的想法。

"大多数人的心理问题，根源大部分都在儿童和青少年时期。如果能在这个时候进行诊断和早期干预，将对全生命周期的身心健康发展有着深远的帮助，这种干预可以说是一种事半功倍的干预。"孙泽远表示，"本科时期的那段支教经历对我的影响非常深刻，与孩子们一起学习、生活让我觉得非常愉快，我希望能将这份快乐传递下去，让孩子们都能拥有快乐的少年时光。"

伦敦国王学院在心理和精神病学方面有着大量的研究资源和多学科的研究团队，也有大量由国际知名的学者领衔的科研课题项目。怀着钻研精神病学和改善儿童精神健康的愿望，以及学成报国实现自身价值的理想，经过综合考虑后，孙泽远毅然选择在博士阶段钻研儿童和青少年精神病学方向，在学界内罕见的早产儿出生队列研究团队中继续深造。

平衡学业，在异国他乡生活与成长

谈到初到英国时的自己，虽然得益于日积月累的语言基础，孙泽远在日常生活沟通上相对轻松，但他在专业课上犯了难。"那时候自己对专业词汇还不是很熟悉，很怕在上课时错过重要的知识点或者是在学术交流中引起误解。"孙泽远说道。不过很快，他便通过在课前仔细阅读材料、观看课前视频、课后巩固复习等学习方法强化自己对于专业词汇的熟悉和敏感度。同时，与自己的导师保持频繁的交流也是孙泽远提高学术能力的"小技巧"。"最频繁的时候我们大概一周能见到三次面，每次都会有非常深入的学术沟通。"现如今，他已能轻松地就自己的专业问题侃侃而谈，也能在学术会议上进行完整的展示。

孙泽远向大家展示自己的学术海报

在孙泽远看来，硕士阶段的学习，更多的是基于本科的通识教育多了些许全球化的视角，进一步提高了自身科研能力。而到了博士阶段，则需要逐步培养起根据已有文献和研究背景提出一个前沿科研问题并独立寻找合适方法加以解决的能力。

学业之外的空闲时间里，孙泽远还兼职了两三份工作——在学校里当助教和去教育机构做辅导。"这些兼职都是全英文环境，可以说是一个非常好的锻炼英语的机会。"孙泽远解释道，"同时也对我重新学习或者巩固专业课知识有很大的助益。"正如他在美剧《实习医生格蕾》中看到的一句台词说的那样："See one, do one, teach one."（看一遍，做一遍，再教别人一遍，这场手术你便真正学会了。）如此，孙泽远兼职为家里缓解教育经费负担的同时，也使自己在专业知识应用和实践上越发得心应手。

个人生活方面，孙泽远也有一张规律的计划表。例如，每周要去四次健身房，每个月至少进行一次徒步旅行。因为在运动中挥洒汗水，能分泌不会令人上瘾的多巴胺；利用假期去各地深度旅行，或是周末拿着相机在伦敦街头扫街……这是身为心理学人的他排解消极情绪的"良方"。"较强的抗压能力和自我调节能力"是孙泽远给予自己的评价。

孙泽远在一次徒步中拍下的美景

阔步向前，归国效力成就自我

现阶段，孙泽远已经发表了数篇文章，同时正在博士晋级答辩，按计划完成博士学业，继而还有计划未来继续在教育和科研领域工作。

"我可能会先尝试在英国做一段时间的教职工作，但最终还是希望能够通过人才引进政策回国。"他说，"作为独生子女，我还是希望能够回到亲人的身边，照顾家人。另外，我更多的还是觉得身为青年人应当怀抱一颗报效国家的心。我期望用自己的所学知识服务于社会，在帮助青少年、家庭、学科发展等方面都能有所贡献，也能让自己的人生价值得到体现。"

"在生活上放平心态，多看多听，追求平等，尊重多样；学习上则要严以律己，要竭尽全力，而不是不作为地躺平摆烂。"带着对学弟学妹们的留学期望与建议，孙泽远也必将在今后的人生道路上，开拓属于自己的一片坦途。

邓遥
坚定梦想不懈追求，放弃保研踏上澳大利亚求学之路

已经在澳大利亚悉尼大学医学院开启了小半年博士专业课程学习的邓遥，回想起当时放弃了触手可得的国内顶尖院校保研资格的那个选择，她表示"从未后悔过"，唯有自律与坚持，才能始终步履不停地向梦想的职业发展道路赓续前行。

自小种下一颗从医的种子

年幼时的邓遥就对人体非常感兴趣。尤其记得小时候，她字还未识得完全，便有事没事捧着一本名叫《白细胞大

战细菌》的人体学启蒙图书看得不亦乐乎。到了中学时，在众多"枯燥乏味"的学业课程中，也是生物最令她情有独钟。

直到现在，还让邓遥记忆犹新的便是那一节有关心脏血液循环的课，书本上复杂而精妙的人体系统令她深深着迷。这也是为什么高考后，邓遥选择填报了护理学专业。自小成绩优异的她，也最终被国内顶级学府的护理学院顺利录取。

在本科期间，她接触和学习了很多的医学类基础课程，比如，解剖学、生理学和病理学等，进一步拓展了自己的人体系统知识。随着专业知识的进一步深入，邓遥愈是惊叹于人体的奇妙。学习在旁人看来庞杂而琐碎的医学知识，于她而言是一种"享受"。

邓遥对医学知识非常感兴趣，聪明的她也非常擅长学习。她很快便寻到了一套适合自己的医学专业的学习秘籍，频频斩获超高学分绩点，以及多项院校奖学金。

"首先，我会通过基础的记忆与背诵将零碎的内容构建成相互关联的知识网络，再通过与旧有知识的联系来拓展我的知识网络。"在谈及学习经验时，邓遥向我们透露道。

从护理学出发到医学落脚

和所有国内的本科生一样，在毕业前期，邓遥也需要进行一次专业相关的实习。而正是这段医院的实习经历，彻底改变了她今后的职业发展方向。

"在医院实习的时候，我发现，其实护士的工作更多的会涉及打针、发药和病情巡视，相对而言，工作职能有局限性。"邓遥说道，"护士不能独立进行抉择，即使是最常见的病情变化，也要通知医生来做诊疗。面对绝大部分的紧急情况，或是严重的病情，我们只能求助于医生，所以那些在学校里学习的宝贵知识很难真正派上用场。"基于这样的现状，她开始渴望成为一名医生，希望能将自己的能力最大化，真正帮助到患者，看着他们一天天好转、痊愈。

于是，实习结束后的邓遥动了继续深造的心思。但随着进一步求学深造的信息收集与整理，她无奈地发现，在国内，只有本科是临床医学专业的学生才能考取医师资格证。"我一度以为自己好像没有机会再成为医生了。"邓遥悻悻地回忆说。

好在"柳暗花明又一村"，2019 年，学校与美国纽约市立大学联合组织的暑期交流项目给予了她新的契机。更确切地说，这段短暂的海外学习经历让她更加明确了自己的未来发展方向，也给予了她一个崭新的思路——尝试出国学医，或许是一条出路。

在美国纽约市立大学参加暑期交流项目的邓遥

放弃保研名额，选择赴澳深造

不过，如果要选择出国学医也就意味着邓遥就得放弃本校保研名额。当时略有迷茫的她尝试与本专业的教授沟通经验，教授建议邓遥一旦下定决心放弃学校保研的机会，去国外深造也最好选择自己更为熟悉的护理学领域，以减少申请时的跨度与难度。要知道，国外很多发达国家的护士职业地位也很高，例如：美国的高级实践执业护士（Nurse Practitioner，简称 NP），可以跟医生一样评估患者需求、安排诊断性的各项检查并解释结果、完成疾病诊断、制订治疗计划并开具药物，以后也会有相当不错的职业发展。

那么，是选择安安稳稳地保研，还是延续本专业申请海外留学？……面对着诸多的犹豫与不决，在这个时候，朋友与家人成为邓遥最坚实的后盾。

当时正在筹备申请美国法学硕士的闺蜜鼓励她，要大胆追求一份自己真正喜欢和热爱的工作，父母则都明确表示出了最大的理解与支持。"是他们的支持让我敢于放手一搏。"邓遥坚定地说，"既然下定决心，就不再纠结，我一定要申请医学专业。"

在经过了一轮的初筛后，邓遥将目光锁定在了南半球经济最发达的国家——澳大利亚。

邓遥在 Newcastle beach 旅游时拍下的美景

认准目标，潜心筹备跨专业申请

英美国家大多数知名高校的医学院对国际学生开放的名额较少，申请要求也更加严苛，尤其是需要学生提供相关医学专业的实习或实践经验，这些都让跨专业申请医学专业的邓遥犯了难。对比之下，澳大利亚高校的入学标准就相对宽松一些。

"虽然澳大利亚高校也很在意申请人的学术背景，但主要看重的还是MCAT（医学生入学考试）的成绩。"邓遥解释道，"此外，在澳大利亚就读医学博士，毕业后经过一年的实习就可以获得医生资格证，成为一名医生，这是我实现梦想的最佳机会。"

而在澳大利亚众多的知名院校中，邓遥最属意悉尼大学。除了医学研究，额外注重临床和实践——悉尼大学医学院里的大多数授课教授都拥有一线的临床经验，这一点使得悉尼大学的医学院显得与众不同。然而，在咨询了所有她能够接触到的学长学姐、老师以及中介机构之后，她发现像她这样背景的学生几乎没有成功申请到临床医学的先例，即使是成功申请到护理专业的学生也寥寥无几。

邓遥研究生期间实习的临床医院

为了能实现自己的目标，邓遥使出了浑身解数。"我当时的备考力度感觉和当年高考不相上下。"自那时起，她的生活节奏几乎是每天早上起来学习备考，一直到晚上闭眼睡觉。最终的结果也超出了邓遥的预期，她取得了MCAT排名前5%的优异成绩。这份成绩，足以让她在澳大利亚的医学院申请中几乎"畅通无阻"。

适应超乎想象的专业教学强度

开学前，在邓遥的心中，她对澳大利亚的初印象一直是一个生活节奏慢、不太"卷"的国家。但在悉尼大学医学院正式开始课程后，邓遥逐渐改变了原来的看法。"国外的医学教育强度真的超乎我的想象。"她惊叹道。

俗话说："万事开头难。"邓遥知道，刚开始的压力肯定会比较大。得益于MCAT的优异成绩，自己在备考时已经接触并记忆了大量英文医学术语，彼时的她对自己的语言能力非常有信心，虽然有预估到可能会遭遇一些语言障碍，但自认为不会有太大的问题。然而到了澳大利亚之后，她才发现语言仍是巨大的鸿沟。

在课堂上，老师教授的课程邓遥听得一知半解，回家必须用三倍的时间一边看字幕，一边反复放录播视频，才能完全理解吸收。而医学的课程量又极大，不仅有面授课，还有动辄六七个小时的online video（线上视频）。这些课程体量让刚刚来到英语世界的邓遥感到十足的压力。

而日常的沟通交流也不轻松。目前国内学生所学的"官方英语"和国外当地人日常生活用语完全不同，临床医学又非常依赖口语，悉尼大学从学生入学的第一个月就开始安排临床医院实习，去病房练习问诊、体格检查。这对当时的邓遥来说是极大的挑战。在实操经历中，最令她印象深刻的是她问诊的第一位患者。这名患者有着浓重的希腊口音，在问诊的过程中，邓遥几乎只能听懂一半患者的表达，沟通的难度直线上升，令她倍感无措。

"面对这种情况，别无他法，只能用足够多的时间去积累和练习。"邓遥说。此外，作为一名留学新生，邓遥不仅要应对语言适应性难题，还需要跟上快速的教学节奏。有别于其他专业大多数课程都是在课堂中进行，医学专业不仅需要在教室里汲取专业知识，还要一周安排一天的时间前往临床学校进行课堂实地操作。而刚刚结束了为期两个月的专业课程后，她便猝不及防地迎来了留学生涯的第一场期中考试。

但好在，彼时的她也不是"孤立无援"，悉尼大学拥有完善的国际学生支持系统，会大力向非英语母语出身的学生伸出援手。辅导老师在了解了邓遥的困境后，建议她大胆组建自己的学习小组，通过"互学互讲"彼此提升。于是，邓遥认真听取了建议，和班上的四名同学组建了一个学习小组，一同约定每周六抽出固定的时间，来讨论这一周的专业课重点，并互相讲解。"我认为这不仅仅是学习的机会，更是一个和朋友交流、放松的难得的机会。"如此，邓遥的专业英语能力飞速提升。

"自律"是她对自己的评价

繁重的课业叠加自身的热爱，在悉尼大学读书的这段日子里，邓遥几乎变成了一名"学习狂"。"我认为我是一个非常自律的人。"她评价自己道。为了不断拓展专业知识与提升能力，一下课邓遥便直奔图书馆进行温习。"就好像泡在图书馆里了。"她说。基本上，每周只有晚上是她的休息时间，可以买菜做饭或是和国内的亲友电话联络。

当然，邓遥在刻苦钻研时，也在利用碎片化的时间来平衡生活与释放压力。比如，与同学朋友游泳，参加舞蹈课，或是出门爬山，看一看澳大利亚美丽的自然风景。"学习狂也不等于死学习，自我调节，适当停下脚步歇歇脚也非常重要。"

一步步朝着目标且歌且行，是她始终如一的人生信条。

在谈及未来的发展规划时，邓遥表示虽然自己的海外留学深造之路才刚刚拉开序幕，但她会按照一直以来的规划路径扎扎实实地走下去。"在实习一年后，我会再去从事一年的住院医生，从具体的实操和实践中找到最适合

在假期，邓遥会去各地旅游，放松身心

自己的垂直专业领域，并着手准备考取医师资格证，为最终成为一名专业的医生打好扎实的基础。"邓遥始终相信，当一个人知道自己的目标去向时，这个世界都会为之让路，而她也一定会在医学的道路上愈行愈远。

杨铠嘉

赴日读博,在医学道路上奋勇攀登

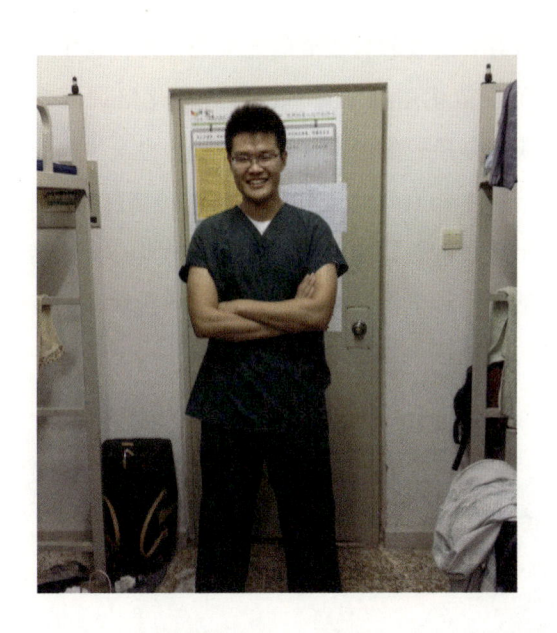

如今的杨铠嘉已经回国,在上海的一家医院里任职。学成之后回国发展是他一直以来的目标与规划,他希望能将自己在留学期间所学到的知识运用到更多的实践当中,也期待能为我国的运动医学领域注入更多国际化视角,使国内外医学交流互促、共同发展。

机缘巧合进入医学领域

在高中时,杨铠嘉由于理科科目的成绩都很不错,原本是希望能往经济或金融类专业方向发展，但家里人却建议他换一个方向。"可能也是因为家里人已经有从商的了，所以希望能有后辈从事别的行业。"他回忆道，"当时家里人还提了其他几个方向，我都不是很喜欢，最后就定下了医学。"

在大众眼里，医生就业稳定、收入丰厚、社会地位崇高，是一份好职业。但同时，医学生教育时间长、"变现"节奏慢，也让不少人"望而却步"。

医学教育具有自身的特殊规律性。目前公认的医学教育是由院校教育、毕业后教育和继续教育组成的连续统一体，其中，毕业后的医学教育又分为住院医师规范化培训和专科医师规范化培训两个阶段（即"规培"和"专培"）。哪怕是最短的医学生培养路径，也至少需要5年医学基础教育和3年的"规培"才能真正实现独立行医。杨铠嘉说："从理性角度来看，这样的投入产出比肯定是比较低的，如果不是真心喜欢这个专业或者是已经有一定成就的话，很难坚持这么长时间，而我喜欢医学专业，同时在研究生时期也有一定的成就。"

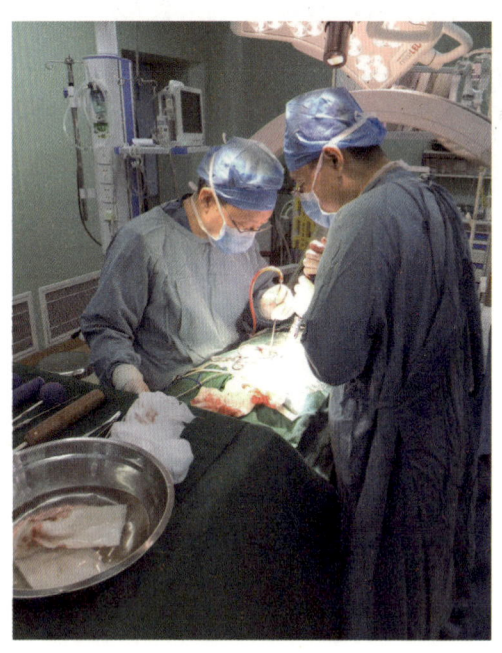

研究生期间，杨铠嘉参与了多次手术实操，积累了丰富的临床经验

8年的学医道路让杨铠嘉收获了快乐与成就，尤其是在修读专业硕士期间。在硕士阶段，医学生可以选择一个方向作为自己的未来发展方向。骨科作为当前发展速度较快的医学专业之一，其治疗手段多样、医疗器械和技术先进，对医生的医疗和手术水平都有一定的要求和挑战。他希望能挑战自己，不论是在理论上还是技术上，都能得到锻炼并有所突破。

在我国，医学专业硕士期间要在所在医学院的附属医院同步进行"规培"，也就是说杨铠嘉一方面不能落下学业和科研，另一方面要在医院进行"规培"轮转到各个科室，"不然就毕不了业了"。骨科的手术相对频繁，在硕士研究生期间，他参与了大大小小的手术累计超过300台，几乎覆盖了骨科学范围内所有临床病症手术操作，积累了丰富的临床实践经验，甚至到了毕业前，他已经可以独立完成一些小手术了。

但也是这些经验让他发现自己并没有很多的时间和机会去对某一方向进行深入的学习，"感觉当时的状态就是博而不精"。他想要有进一步的深耕，在骨科领域拥有自己的一席之地。

申请读博，真诚是永远的"必杀技"

留学的想法并不是在硕士研究生期间萌发的。早在本科期间，杨铠嘉就有了未来想要出国读书的想法，但临床医学专业并不会在本科期间就为学生规定好具体的发展方向，当时的他也不是特别清楚自己更擅长科研还是临床实践。

待到研究生的时候，杨铠嘉才正式将出国读博纳入规划当中并付诸行动。博士申请并不是一件容易的事，虽然每个博士项目都有摆在明面上的具体标准，但能否被录取更多还是在于博士生导师的个人意见。"想得到博士生导师的认可，我认为是博士申请中最难的一点。"在谈到博士申请时，杨铠嘉介绍道，"像英语水平、科研经历之类可以有意识地提前做好准备，但在申请时要是教授觉得这个人不行，那就是不行。"

这种带有明显个人色彩的申请方式，在日本高校的博士申请中尤为突出。在日本，想要进入某个导师的博士项目，一定要先得到"内诺"，才能进行后续的入学考试环节，不然即便去参加入学考试也是做无用功。"内诺"制度是日本硕博申请时独有的一项内容，即申请者要先向教授发邮件表达自己的意向，并附上成绩、院校背景、简历、科研项目等信息，如果收到了教授的 offer，后续再通过入学考试，被录取的概率会非常大。

那么，如何才能得到"内诺"呢？在杨铠嘉看来，除了达到院校的基本标准，与导师的交流互动也是非常重要的一步，"要让导师看到你的诚意"。杨铠嘉表达诚意的方式非常直接——他直接飞到了日本东北大学，与教授进行了面对面沟通。

日本东北大学坐落于日本东北部最大的城市仙台市，是一所世界知名的研究型综合国立大学。我国著名的文学家、思想家、革命家鲁迅先生就曾在这里读书学医。日本东北大学医学部是一所历史悠久的医学院校，成立于 1920 年。经过近百年的发展，该医学部在临床医疗、医学研究和人才培养等方面都取得了很大的成就，其医学研究领域一直处于世界领先地位。

杨铠嘉与导师合影

杨铠嘉想要跟随的导师井樋荣二教授是骨科肩关节方向的国际知名专家，他所提出的肩胛盂轨迹的概念对肩关节不稳的诊疗，尤其是指导 Hill-Sachs 损伤（运动医学名词）的诊疗具有里程碑式的意义。而之所以希望能跟随这位教授，也是基于他小小的私心。"这个教授很厉害，做他的学生，我相信自己的技术和理论都能有长足的进步，也会有更多的机会和国际上的行内优秀人士交流，我想要站在更高的地方看更多的风景。"

然而近年来，日本高校教授给学生发放"内诺"，尤其是博士的"内诺"越来越谨慎。"因为很多候选人拿了'内诺'却不来，让一些教授有些微词，毕竟日本学术界还是非常讲究诚信的。"也许是杨铠嘉的到访让井樋荣二教授感受到了满满的诚意，很快，他就给杨铠嘉发了"内诺"offer。2019 年的秋季，杨铠嘉顺利进入日本东北大学就读骨科学博士（肩关节方向）。

疫情下的留学生活

2020 年 1 月，杨铠嘉回国与家人共度春节。刚刚开始博士学习生涯，与家人们分享留学生活的他并没有想到，这是他留学期间最后一次回家。

大年初一，武汉宣布封城。随着疫情在全国各地的不断蔓延，各省区市的公共交通也陆续宣布禁行。杨铠嘉开始担心国际航线会不会也要被停掉，也忧心中日两国出入境是不是会被封锁。匆忙之下，他决定尽快飞回日本，"怕自己没学上了"。

然而也是这个时候，日本的确诊病例开始慢慢增多，疫情发展情况也变得越来越严峻。为了预防感染，杨铠嘉所在实验室一开始实行预约制，鼓励学生错峰进实验室，避免碰面。但随着感染病例越来越多，最终实验室全部关停，手术室也全部关停，"整个项目全部都停滞了"。这样的状态大约持续了半年，这段时间，杨铠嘉几乎每天都待在家里，除了采买必要的生活物品，他很少出门，"即便我也算是医疗从业人员，但也要格外小心"。

对于疫情本身，杨铠嘉并没有太多感受，可能是由于自己就是医疗行业人员。让他感到焦虑的，是这半年来的科研停滞。"当时最恐惧的是怕自己

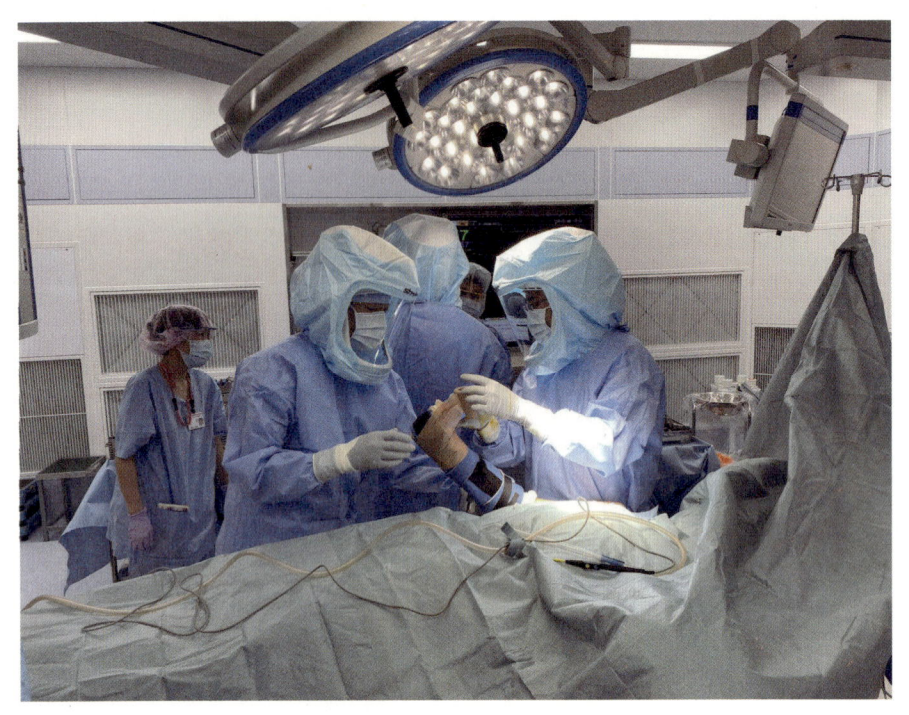

在日本东北大学求学期间,杨铠嘉获得了不少在医院里实践的机会

毕不了业,或者说要延期毕业。"杨铠嘉回忆道,"你想象一下,半年甚至一年的时间,自己的研究没有任何进展和推进,能不焦虑吗?"

所幸,日本的防疫工作做得非常积极,政府鼓励大家居家办公、学生在家上学,减少不必要的外出,并暂停或推迟了各种大型集会活动如体育赛事、文娱活动等。在 2021 年年底,日本宣布封锁国境线,直到 2022 年年底才陆续放宽政策。

也是在这样严格的管理之下,疫情并没有对杨铠嘉的科研生活造成很大的影响,甚至在 2020 年下半年,杨铠嘉就已经基本恢复了疫情前的科研节奏。他还被公派至大阪齿科大学中央齿科研究所学习成骨干细胞的提取培养等相关技术,进一步提升自己在基础医学研究方面的科研能力。"相比于我的临床技术,基础研究是我比较薄弱的方面,这对我来说也是个提升的机会吧。"

漫漫"医途",孜孜前行

回望博士留学的四年,杨铠嘉百感交集。留学带给他的不仅仅是学历的提升,更是眼界的开阔。在这四年来,他经常随着自己的导师参加国际学术会议,也结识了不少国际上在肩关节方面的知名专家学者,有了更多国际交流的机会,这是他在此前的本科甚至是硕士研究生阶段的学习中不曾有过的。这种交流对于杨铠嘉而言,虽说不能直接提升自身的学术能力,但对个人的职业规划,甚至是对整个行业的脉络认知具有很大的指导意义,可以让他更清晰地了解到自己所处的位置以及未来的努力方向。

"我从来不觉得我留学了就是实现了一个所谓的'弯道超车',因为有太多优秀的人从一开始拿到的资源就是我不能比拟的。"杨铠嘉正色道,"但留学的这个选择让我做到了我在国内做不到的事情。"

一直以来,杨铠嘉的目标都非常明确,他渴望能在骨科领域有更精进的发展,也希望自己能在学成之后回国为社会服务。留学给了他更广阔的平台和视角,让他有机会接触到各色生命。他相信,这段留学经历可以带给他更多的机会,让他得以施展自己的才华和能力,也能帮助他闯出更广阔的天地。

蔡斌元

遵循人生规划的指引，学习公共卫生是实现目标的必经之路

歌德说："每走一步都走向一个终于要达到的目标，这并不够，应该每下就是一个目标，每一步都自有价值。"蔡斌元就是这样一个目的明确、规划清晰的人。本着个人兴趣与未来规划的考虑，在本科时期，蔡斌元放弃保研，决心出国，跨专业申请公共卫生硕士专业（Master of Public Health，简称MPH），而在美国攻读MPH时又转向了更具实操性质的流行病／生物统计学方向。无论何时，他做的每一个选择、迈出的每一步都是为将来更好地实现理想打下坚实的基础。

在保研与出国之间选择了新的风景

蔡斌元最开始冒出"我要不要出国读书"这个想法，

源于他在大一期间结识了一位留学回国的学长。在日常的聚会和交流中，学长向他描述了一个与国内截然不同的文化和教育环境，为他开启了一扇他之前从未注意到的大门，留学这颗种子便在他的心中就此种下。

彼时蔡斌元就读于浙江大学公共管理学院的土地资源管理专业，作为国内C9院校的学生，在众人看来前途顺遂，未来可期。凭借优异成绩，他完全可以继续保研本校，但蔡斌元内心却渴望着换一个环境，在不同的人文环境和教育体系下进一步提升自己。他开始试着去了解留学信息，主动在网上查阅相关的资料，与有过留学经历的学长学姐交流……就这样，"留学"在他的脑海中从一个模糊的念头逐渐变得具象化，在大二他便确定了未来要出国留学的计划。

蔡斌元本科毕业时与导师合影

也正是在同一时期，随着专业的深入学习，蔡斌元接触到景观生态学和土地资源学相关的课程，开始了解环境健康的相关议题，并且在老师的帮助下，参与完成了全国地级市尺度的PM2.5健康成本评估等多个环境健康方面的科研项目。尽管这一方向与蔡斌元原本的专业并不十分相关，但在日常的积累与熏陶中，他逐渐发现自己对这个方向特别感兴趣，这促使着他进一步向更加广阔的公共卫生领域发展。

在参与研究环境健康的议题时，针对当时国内疫情的发展情况，以及考虑到公共卫生领域与大健康行业的整体情况，他坚定了公共卫生未来发展向好的认知，并且下定决心在结束集中的教育之后，进入医疗卫生、大健康以及养老关怀这些领域工作。而要实现职业目标，他深知自己需要系统的医疗卫生方面知识的专业学习，于是在硕士专业申请时他没有选择原有的专业，而是选择了公共卫生专业。

坚定的信念可以战胜一切，经过不懈的努力和准备，2022年，在完成本科学业后，他顺利进入美国的圣路易斯华盛顿大学布朗学院进一步深造。

在美学习初体验，收获满满

基于近年来疫情的影响，公众的健康问题越来越受到重视，公共卫生作为生物医药与公共管理的交叉学科在高等教育中也逐渐备受关注。而美国顶尖的医疗技术和完备的公共卫生队伍为高校公共卫生专业的发展投入了大量资金和资源。其中，圣路易斯华盛顿大学布朗学院的公共卫生专业致力于学生在公共卫生领域取得成功与突破，在美国本土甚至全世界都有着举足轻重的影响力，蔡斌元便在此进行为期2年的硕士课程学习。

在美国的大学课堂上，蔡斌元感受最大的是学习方式与国内本科时存在差异——学习自由度高，需要学生有较强的自主学习的意愿和自我驱动力。"比如某节课老师布置任务，让我们阅读联合国的一份文件，其中包括人道主义援助的聚类模型，但下次上课时，老师不会解释什么叫作聚类模型，他会直接开始讲在某个场景下如何运用这个模型。"这种授课方式其实相当于在"检验文献阅读成果"，因此为了能够听懂课程，蔡斌元必须在课前"啃完"所有的文献，才能不在课堂上掉队。

冬天清晨前往学校健身、学习

学院图书馆内学习

与国内不同的是，要完成一项作业或攻克一道难题，老师提供的前期指导非常少，基本上要靠学生个人的主动性和思考、解决问题的能力。蔡斌元回忆起上学期老师布置的一项作业：假设你是某位国会议员的秘书，写一份文稿表明自己是否建议议员支持某个健康方面的提案。作为一个不了解美国政治的留学生，他面对这道作业几乎是一头雾水，既不知道哪些人是国会议员，也不知道有哪些提案，更不知道如何在海量的资料中找到可用的信息，而这一切都只能自己想办法，或者求助同学一起交流解决，因此完成作业的过程经常令他倍感压力。

入学半年来，布朗学院的学习令蔡斌元受益匪浅，他如愿系统性地深入学习了卫生政策相关的理论知识，在技术层面上，经过长期的训练他的编程能力也提升不少。

转到新的专业方向，选择适合个人兴趣和职业发展的道路

蔡斌元所攻读的公共卫生专业下设 6 个培养方向：流行病学/生物统计学、卫生政策分析、全球卫生、城市设计、心理和行为健康以及公共卫生通才。一开始，他就读于更偏理论性质的卫生政策分析方向，但经过一段时间的理论学习后，他越发感受到并不是每个人都可以像"大牛"学者那样，靠定性的方法就可以把政策理论阐释得深入浅出。相较于解释理论，他更喜欢通过实操的方式，用模型搭建与严谨的推理过程来证明结论。

出于对个人兴趣和研究习惯的考虑，他决定转到流行病学/生物统计学方向，这个方向能让他接触到广泛的定量数据分析方法和技能，这对于更擅长数据统计分析的他来说更加得心应手。

一旦下定决心，蔡斌元便不会等待和犹豫，他习惯于想尽各种办法来达到自己的目标。他了解到，圣路易斯华盛顿大学对于转方向的要求非常宽松，学生填写申请表提交即可，不需要满足额外的条件。于是在第二学期开学前，蔡斌元果断地提交了申请，正式转到流行病学/生物统计学方向学习。在他看来，该方向的应用范围更广，所教授的技能和知识也更适合他所设想

蔡斌元与研讨小组同学

的未来职业发展之所需。

新的专业方向重视实操，授课方式以课堂授课+workshop（研讨会）的形式为主。"一些技术性较强的课程，比如每次是三小时的课，会留给我们一小时进行实操；即便是一些理论性很强的课程，老师也会让我们广泛尝试操作和设计一些模型。"蔡斌元解释道。

异国他乡的学习生活新鲜、充实，也吸引着他沉浸其中不断汲取知识和智慧，他尤其喜欢这里严谨的学术氛围。"做数据科学的研究通常有一些'小花招'会让研究结论显得更好看。但无论在什么时候，周围的老师和同学都不会去使用这些'小花招'，我们更在意的是结论的真实性。"这种氛围也深深感染着他，使他在进行学术研究时更加实事求是。

合理利用校园资源，融入留学生活

对于来此读书的外国学生，圣路易斯华盛顿大学辟有一幢名为史蒂克斯（Stix）的"国际学生之家"（International House）的建筑，让国际留学生们有

新医科：探索创新高地

机会在此相聚一堂交流感情。但国际留学生们普遍会租个教室或者在学院楼下的大厅里办活动。在春节期间，尽管蔡斌元无法感受到热闹团圆的节日气氛，但当时他参加了学生们自发组织的一个叫作"potluck"（百家饭）的聚会，大家热情分享着彼此带来的美食，谈天说地，消解着在异国他乡求学的寂寞。

蔡斌元在美国大峡谷的光明天使步道

此外，学校还设有外国学生办公室，专门为国际学生服务，以及设置career center、writing center等机构，为国际学生提供资源和帮助。蔡斌元在申请实习时就曾寻求过writing center的指导，让自己的简历更加专业和流畅。他也会时常参加career center开展的针对国际留学生的指导活动，活动上会教授国际学生申请实习相关策略等内容。蔡斌元陆陆续续投递了一些实习简历，目前也收获了一份NGO（非政府组织）的offer，他还在翘首期盼着更合心意的实习单位出现。

制订清晰的长线规划，一步步追寻人生目标

谈及如何安排未来的生活，蔡斌元已经为自己设想了非常明确的发展道

路。早在本科时期,他就确定了毕业后进入大健康相关行业领域,在布朗学院积淀了知识和技术后,他将这个职业目标拆解得更加具体。首先,他在暑假期间找了一份 AI+ 大健康行业的实习,专注于研究 AI 语言大模型在心理健康与叙事疗法方面的应用,最大限度地为未来就业做准备。研究生毕业以后会考虑攻读一个商科方面的二硕,为未来创业积攒扎实的理论知识。

根据国家统计局发布的 2022 年国民经济和社会发展统计公报,2022 年年末 60 周岁及以上人口占比达到近 20%,其中在各类提供住宿的民政服务机构中包括 4 万个养老机构,养老服务床位达到 822.3 万张。可见老龄化已然成为社会发展的重要趋势,也是今后较长一段时期我国的基本国情。与之相伴的是,老龄市场潜力迅速增加,国家也高度重视老龄事业和养老服务体系的发展,让老年人能够安享幸福晚年。

作为时刻关注国家公共健康发展的学子,蔡斌元也自然注意到了这些,他认为,老龄化已经成为未来趋势,由于疫情的影响,加上缺少辨别信息的能力,老年人比年轻人更加需要健康方面的指导。因此他将目光投向了大健康领域下的养老行业,他期望未来能够针对细分的老年人群体如空巢老人提供专业的养老服务,为他们提供健康、情感上的支持。

尽管这只是一个初步的设想,但为了一步步接近这个目标,他计划着二硕毕业后先进入咨询行业,"因为咨询(行业)是能最快了解整个市场环境的行业,对人脉资源的积累和市场认知的提升都大有裨益"。待到积累了足够的实践经验,他便有足够的实力在自己青睐的领域专心耕耘,大展宏图。

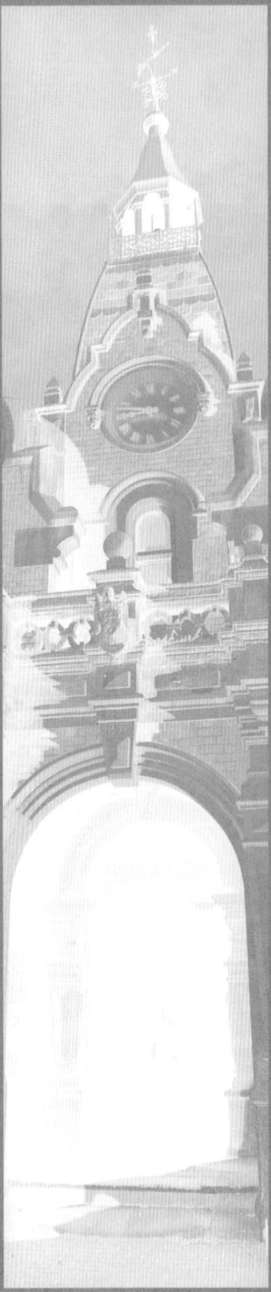

BEYOND OVERSEAS STUDYING

3

新文科：
拓展创新思维

张德瑾

"半路出家"的法学博士，坚定自己做出的每一个选择

回顾自己在大洋彼岸的学习时光，张德瑾感慨万分。数年的留学经历让她跳出了原来安逸的舒适圈，看见了波澜壮阔的新世界，直线人生里拥有了更多元的选择与挚爱。相信自己，独立思考与判断，奔跑着努力向前；多彩世界，成就理想初心。

金融与法学，探寻二者之间的平衡

一直以来，张德瑾的成长都是遵从长辈建议，亦步亦趋、循规而行，包括在高考后的择校，以及出国留学专业的筛选上。张德瑾在西北政法大学完成了本科阶段的学习。西北政法大学被誉为政法人才培养国家队的"五院四系"中的一员，在中国法学教育界具有重要地位，对中国法制发展与法治建设具有重大影响。西北政法大学的金融学专业是与法学专业并驾齐驱的专业。

作为政法系大学，西北政法大学有一个独特优势：不论开设什么样的学科，都会为学生配套相应的法学课，保证学生在毕业时拥有与选修专业相关的法律知识。金融学专业的法学课占据了全部课程的三分之一，这种带有交叉性质的课程设置成为吸引张德瑾的因素之一。"因为我不喜欢死记硬背，"她解释道，"所以就听学长的建议学了金融。还有一点原因就是想看看自己到底适合什么专业方向。"

然而经过了四年的学习，除了感受到金融专业的博大精深，张德瑾发现法学似乎也并不像自己想象的那样晦涩难记，更符合自己心底那少年时萌生的些微理想，而四年所学的金融知识让她在未来深造中有了多方向选择的勇气。随着国家对外开放的不断深化，世界经济全球化持续加速，迫切需要能够熟练运用国际金融知识和境外法律法规，解决涉外金融纠纷这种"金融+法律"的复合型人才。面对这样的形势，对于早有计划在本科毕业后继续深造的张德瑾来说，出国留学，学习法律，成为摆在她面前的最佳选择。

充满意外的曲折留学路

一开始，留学本不在张德瑾的求学规划之中。虽然她的父母早有送她出国深造的想法，但那时的张德瑾还在上中学，对于留学这个概念非常模糊，并没有特别的想法和偏好。直到大二下学期的一天，大学英语课的老师在课堂上突然发问：你们有没有想过自己未来或一生要做点什么？这个问题瞬间击中了张德瑾，她问自己："我来到这个世界，准备做点什么呢？"

"我想出去看看,人生致远世界辽阔;我要去体验与感受之前在网上、在书里看到的五彩缤纷、万般变化的世界,体验一种与我此前完全不一样的学习生活。"张德瑾这样回答自己。

坐而言,不如起而行。母校原本与英国、澳大利亚等国家的知名院校有留学合作项目,她早早准备好自己的语言成绩、推荐信、GPA成绩单等一系列申请材料,随学校项目安排按部就班地进行。然而因为校际的一些失误,项目暂停,她没能拿到心仪学校的offer,而这时候,距离张德瑾本科毕业只剩两个月的时间了。

"得到这个消息的时候我是有点慌张的,"她说,"因为要出国留学,所以没有做其他计划,家里安排的工作推了,本校研究生没考,我可能要面临没学上的麻烦境地。"

但一味焦虑并非良策。张德瑾很快冷静下来,开始重新寻找合适的国家院校及专业,同时也开始评估自己的语言成绩是否已经过期,是否需要重新准备语言考试。然而尽管她全力在弥补,但由于时间太紧已经错过了很多学校的申请时间,最终她大胆决定:延期,在春季入学。

在中国的政法学界有"五院四系"这样的说法,在海外也有相对应的高校联盟,例如,美国就有法学院T14(即在政法领域里排名前14的院校)的说法。然而,美国T14院校都明确表明其法学相关的硕士专业不接收本科非法学背景的学生,这让张德瑾有些遗憾。"不过我完全不后悔自己当初没学法律。"她认真地说,"现在看来,如果当初我学了法律,虽然能到T14院校读书,但可能就碰不到我这个很好的导师,可能也不会读博,那也就没有后来的故事了。"

最终,张德瑾选择了位于美国中部的世界森林城市、世界摇滚之都俄亥俄州克利夫兰市的凯斯西储大学。

赴美读书,体验完全不一样的成长

2018年2月,张德瑾只身前往美国凯斯西储大学,开启了留学生涯。这所学校是她在自己收到的 offer 中用心挑选的。凯斯西储大学是一所以继续深造为导向的研究型学府,一直以来在全美名列前茅,其中医学院、商学院、法学院、工学院在业界享有较高的学术声誉和认可度,美国本土第一个诺贝尔奖获得者即出自该校。不论是学校的地理位置、城市安全、课程设置,还是教职员工的沟通态度,都令她感到贴心和舒服。其中,最吸引她的便是凯斯西储大学对研究生新生的人性化管理:学生可以提前过去体验一下学校课程,再决定自己未来的研究方向。

美国凯斯西储大学法学院主楼

谈及在这里求学的感受,张德瑾表示大学里严谨的学风、友好的教职员以及安全完善的警卫服务都给她留下了深刻的印象。"这里的教职工和教授是我见过最和气的,也是最热心的。我记得我们学院办公室有三个工作人员,他们每天都非常热情地跟每一个经过的学生和老师打招呼。在我临近毕业的时候,其中一个小哥哥已经调到别的学院工作了,但他还是特地跑过来祝贺我们毕业。真的非常暖心。"

除了学校职工,这里的教授也非常友好。刚到美国的张德瑾英语交流其实并不顺畅,虽然她的语言成绩不错,但在实际应用以及面对法律相关的专业术语时,还是有些束手无策。此外,美国高校老师的授课方式也给她带来了一些困扰。

"这里的教授在课前都会布置四五十页的内容让学生们去读,去了解实际案例,但在上课的时候讲的完全是跟书本不一样的东西。"张德瑾介绍道,"哪怕这个案例是美国历史上非常知名的案件,老师也不会只限于这个案件,他总会多讲一个你不知道的案件。他也不会只告诉你通过这个案件我们得出了怎样的结论,而会有更多的延伸。这对于我这样法学基础比较薄弱的学生来说,就是不知所云。"

她向授课老师求教。这位教授刑法的教授,后来也成为她的博导,并没有"质问"她是不是没有预习,而是非常耐心地告诉她每一堂课都会有录像,会录下黑板和整个课程的情况。他告诉张德瑾一个网址,让她有空的时候可以回看录像。

前几个月,就是靠看录像,张德瑾完成了在美国求学以来的第一门专业课程。"最开始的时候,我甚至夸张到每十几秒就要摁一下暂停,然后重新理解一下教授的意思,把它记下来。"张德瑾笑着回忆道。也是这样的"笨办法",帮助她渐渐熟悉了美国的各种法律法条以及国际刑法的相关知识,熟悉了专业语言。现在对于大部头的法学英文原著,她都可以自由阅读了。

有时候,张德瑾还会问教授们一些她现在想来觉得"很傻"的问题。但面对这样的"法律小白",教授们仍是非常热心地为她答疑解惑。时过境迁,与教授们一起面对面啃汉堡喝咖啡、研讨法律知识的时光,成了她非常宝贵的美好回忆。

张德瑾在纽约州熊山徒步旅行

从硕到博,深度感受法学魅力

凯斯西储大学法学硕士有三个研究方向,分别是国际商法、国际刑法以及环球法律研究。国际商法是个非常热门的选择,随着国际经济贸易的不断发展和扩大,国际商法也变得越来越重要,有很多中国学生会选择就读这个方向,以适应国际化的商业环境,其未来就业机会也比较多。但张德瑾却另辟蹊径,选择了国际刑法。

之所以做出这样的选择,除了自身比较感兴趣,各位导师也成了重要原因之一。她还记得,在迷茫于该选择什么学习方向的课题时,有位研究国际刑法的教授,也是前白宫法律顾问,非常耐心地帮助她了解各个学术方向的

新文科:拓展创新思维　119

研究与成果，告诉她如果不确定自己的研究方向，那就多看看、多试试，总能找到自己想要或热爱的课题。

本着多学多看的态度，在研究生期间，张德瑾疯狂修课，一些看来只要有帮助，哪怕是不计学分的课程，她也都认真修习，努力补足自己此前法学知识的缺失。勤奋必将精进，努力终有回报，最终，张德瑾以专业课全Honor的成绩（最高成绩评级）顺利研究生毕业。但是读书就是这样，越学越发现自己的知识贫乏，越练越觉得自己掌握的太少。靠仅仅一年多的"强力突击"，她觉得自己所拥有的知识还不足以做个好律师，不能百分百地帮助他人解决问题，不一定能打好官司。在她一筹莫展、摇摆不定之际，导师建议她可以再读个法学博士（S.J.D），在学习研究过程中看看自己真正想要什么。

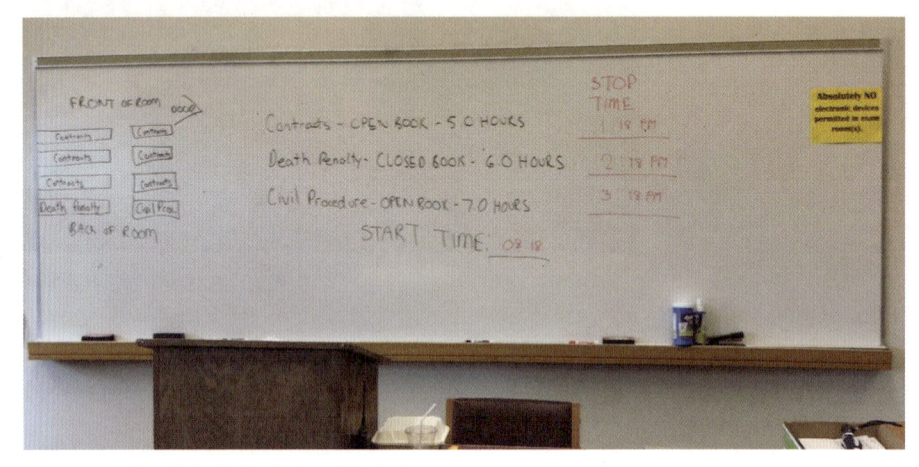

期末考试，全天的考试时间都会写在黑板上

由于研究生期间多修了课程，张德瑾读博士反而轻松不少。这也给张德瑾更多时间去撰写与思考博士论文及相关课题。现在，法学在她眼里已经不再是在法庭上用来论辩的程序、工具和手段，而是道德与法治的边界，是善与恶的交锋，甚至是可以推动社会进步的力量。

在一次死刑案件的审理中，她找到了自己想要从事的事业方向。

这是一个有关青少年犯罪的死刑案，在梳理未成年犯罪嫌疑人的过往时，她了解到这个犯罪嫌疑人在年幼时可能遭受过校园霸凌或是虐待，也没有得到接受良好教育的机会，这些因素在一定概率上引发了青少年犯罪，造成了严重的后果。如果政府或者社会可以尽早介入，给予青少年身体或是心灵上的援助，是不是就不会有惨烈的后果发生了呢？

这个答案，张德瑾当时也不知道，而她所能做的，就是尽自己的努力为减少青少年犯罪做出贡献。于是她将自己的博士研究方向从刑法转向青少年犯罪，在毕业论文上探讨降低刑事犯罪的责任年龄所带来的好处，政府或可以更早介入和干预，避免悲惨结局的出现。"这个案件让我挺有感触的，"她说，"可能是因为我曾有同学遭遇过类似的情况，作为发小的我都有很大的心理压力……但幸运的是我们都有爱我们的父母，他们的爱与勇敢帮助我们渡过难关。而我代理的案子中的这个男孩就没有那么幸运了，我希望我能做些什么来改变这个现状。"

回祖国去，青少年是中国的未来

近年来，我国大力开展青少年素质教育，推出了一系列相关法案意见，意在进一步促进青少年全面发展，健康成长。青少年是国家和民族的未来，青少年时期是人一生中最关键的时期。如何用好各类资源，促进青少年德、智、体、美、劳全面发展，实现知行合一、学以致用，是值得社会各界深思的问题。

如今的张德瑾已学成归国，做着一份与青少年成长紧密相关的工作，站在为青少年提供服务的角度，充分运用法律武器，为青少年提供更多开阔视野、提高自身实力的机会，尽可能地帮助青少年解决内心的困惑，助力他们成为益国利民的人才。

一路走来，张德瑾在学术与实践的道路上走走停停，这个过程中虽然有各种意想不到的变故和困难，但她做出的每一个选择都让自己离目标更近一步。她的人生道路将会越走越踏实，烙印在她心里的成长脚印也会更加清晰，一步一步帮助她找到最终的人生方向。

路堃

非典型留学之路，一步步朝着更高的学术目标进发

　　从本科预科到硕士，路堃在英国留学已有 6 年的时间，未来他还将在英国度过长达 4 年的博士生活。一路走来，路堃不认为自己是一个天赋异禀的人。兴趣使然，循环经济自身的矛盾性和不确定性，吸引着他去不断探索这一领域未知的边界，登上象牙塔的顶端，读到博士。未来他将深入研究中小企业的循环经济，期望帮助该群体转型，使它们获得更强的市场竞争力。

陷入中等生困境，寻求变机出国读预科

和不少中学生一样，路堃的中考成绩不是特别突出，只能按部就班地进入一所普通高中学习。高中时期，他的成绩仍然处于一个不上不下的状态，他自嘲是"陷入了中等生困境，不会考得太差，但未来也不太能去到985或211学校这样国内的顶尖学府"。出于对未来升学前途的担忧，他开始考虑留学这条路径。

路堃生长于一个典型的中产家庭，父母皆从事于在世人看来非常光鲜体面的金融业，他们阅历丰富，思想也相当开明，再加上周围的留学家庭比较常见，因此父母对于留学总体上抱着支持和鼓励的态度。

机缘巧合，路堃参与了一次留学相关的展会，在现场深度了解了留学规划和准备方面的信息，这次活动体验让他坚定了留学的信心。综合考量多种因素，他最终下定决心放弃在国内高考，直接去英国读本科预科。

本科预科是英国大学为想留学的国际学生开设的一种"桥梁课程"，通常为1年或半年的时间，只要预科成绩合格，就可升读本科大学。大部分中国普通高中学生在进入英国大学本科之前，通常都会通过先就读预科的方式来提高自身的英语语言能力，掌握专业基础知识，为适应本科学习打下基础。显而易见，这是一条很多人走过并且走得顺畅的留学道路，因此路堃和他的家庭也毫不意外地选择了预科。

然而，本科预科毕竟与高中不同，涉及专业课知识的学习，因此在申请时需要学生像申请大学一样，提交自己想要学习的专业方向。要确定未来一生要从事的专业领域，这对于当时还是高中生，对专业、行业都知之甚少的路堃来说，是非常困难的。于是，他听从"过来人"的经验，决定延续父母的道路尝试探索商科。

2016年9月，怀着对新生活的期待，路堃踏上了前往伦敦学习预科课程的征程。

不适应英国教学体制，破釜沉舟转学入读国际大一

到了英国，路堃才意识到自己并没有做好留学的准备。从时时刻刻都有老师督促学习的中国普通高中，一下子转到下午4:30就下课、课后完全需要自主学习的英国预科，面对这种教育模式的极大转变，他感到茫然无措，"上课听不懂"和"不会写论文"成了他最主要的困难。

在全然陌生的学习环境中，路堃也尝试过想办法主动解决自己面临的困境。"但是都没什么用。"他笑着说道，"我可能是一个比较愣头青的人，以前上课听不懂的时候，我就靠自己看书，我觉得我那套愣看书的方式应该是可以的。"但事实上，在中英教育体制截然不同的情境下，将在中国行之有效的学习方法照搬到英国的教学环境下是行不通的，老师的讲解和引导、课堂讲授的语境也非常重要。

"在我发现这种方式不奏效的时候，我开始向别人求助，但为时已晚，一年的预科已经快要结束，所剩的时间已经不够我去完成一个学习上的从量变到质变的突破了。"于是，路堃在预科的学习以挂科一门的成绩收场，未能顺利升入本科阶段的学习。

当时摆在路堃面前的有重修、转学等多种选择，一方面考虑到重修所带来的经济成本，另一方面这一年的预科学习生活让他倍感挫败，"我想赶紧结束（在这里的一切），想逃避"。远在家乡的父亲特地赶来英国，带他实地访问一所所的院校，以及咨询朋友的建议，最后他转学去了坐落于一个静谧小镇上的格罗斯特大学入读国际大一。

国际大一与本科预科课程类似，特点是融合了预科和本科大一的课程，读完并达到升学要求可以直接升读大二，优点是能够节省一年的时间。这次，凭着"破釜沉舟"的志气，路堃经常在图书馆一学习就是大半天，因为格罗斯特大学的课程设置中没有他不擅长的数学科目，他学习起来也更加得心应手。

此外，国际大一的老师基本都是在读博士生，师生年龄差距不大，也比较容易沟通。老师们经常鼓励他，甚至会在课后主动询问有没有问题。这种

格罗斯特大学校园风光

鼓励式的教育和恰到好处的关心让路堃逐渐适应了英国的学习生活，在国际大一毕业时取得了专业第一的成绩，顺利升学。

学术兴趣逐渐明晰，疫情给予他试错成本

在国际大一毕业之际，路堃其实可以选择去其他更知名的学校学习，但格罗斯特大学给予了他良好的学习体验，他选择了继续留在格罗斯特大学度过完整的本科时光，学习商业与营销管理专业。

由于他彼时成绩不错，国际大一时热情可爱的博士生老师们曾三番两次地劝他读博，从那时起读博的想法便在他的脑海中慢慢扎根。随着学业的精进和对专业知识的深入了解，他对学术方面的兴趣也逐渐递增。尤其是在大二、大三期间，他在课堂上接触到 CSR（企业社会责任）的理念，并主动搜

索了该领域的一些文章，从此对该领域的研究兴趣与日俱增，读博的想法也愈加明晰。

2020年，从格罗斯特大学毕业后，路堃原本的计划是继续攻读硕士，并且也拿到了一些不错的院校的offer。但由于当时疫情比较严重，且他没有收到最为心仪院校的offer，他将学业停滞了一年，回国在银行工作了一段时间作为"缓兵之计"。

工作的经历帮助他去了解这个行业的运作机制，也让他切身体会到这种生活不是自己真正想要的，他越发觉得，自己"工作的动力没有去做学术的动力这么强"。尽管疫情在某种程度上中断了他的学业，但同时也赋予了他试错的时间，使他进一步明确了自己对于学术的兴趣。

2021年9月，疫情仍然在全球持续蔓延，由于拿到了"梦中情校"圣安德鲁斯大学的offer，路堃毅然决然地重新踏上自己的海外求学之路。

"Ever to excel"，最受英国皇室青睐的圣安德鲁斯大学

作为威廉王子和凯特王妃的母校，以及英国苏格兰地区大学里排名最高的学校，圣安德鲁斯大学无疑是最受英国皇室青睐的学校。它成立于1410年，是苏格兰最古老的大学，有着600多年的历史，仅次于牛津大学和剑桥大学。

圣安德鲁斯大学的历史底蕴和贵族气质，也深深吸引了路堃，遗憾的是，由于疫情影响，他只能通过线上的方式感受这些。在路堃看来，这里的老师更像是解惑的先知而不是授课的人师，他们上下课的时间往往非常随意，会默认学生已经在课前认真地看过PPT和阅读材料，课上则是答疑解惑和拓展知识。回想起老师们，路堃仍然记忆犹新："有位大牛老师上课会直截了当地问学生，你们有问题吗，没有问题我们就下课吧，或者会说没有问题的话，我来提两个问题，你们思考一下。"但通常来说，圣安德鲁斯大学的学生互动积极性很强，因此老师也无法总是随意结束上课时间。而且，不同老师的上课方式也各具特色，比如有些老师喜欢分享前沿的学术成果，有

些老师会在讲课时发散到达·芬奇的画作、联合国针对某一问题的新措施和主张。诸如此类别具一格的授课方式，令路堃感到新奇又有趣，也在潜移默化中拓宽着他的眼界。

在学业方面，路堃也感慨道："圣安德鲁斯大学的压力挺大的。"以他所在的国际商业专业为例，每学期有4门课，每门课在学期中都会布置3—4个作业，平均下来每13.7天他们就要完成一项作业，这就导致他几乎要保持时刻学习的状态。另外，圣安德鲁斯大学的作业形式也颇有特色，不同于其他院校的每门课只有一种考查方式，在圣安，presentation、考试和essay三种形式可以说是每门课程作业的"标配"。在这样的作业强度之下，以及受到线上学习模式的局限性影响，路堃明确表示自己当时的学习是比较吃力的。

虽然时间紧、任务重，路堃却发现周围同学中抱怨者少，努力者多。秉承着圣安"Ever to excel"（超越无止境）的校训，学生们相信在这里的经历是他们刻苦的勋章，他也因此受到鼓舞。"老师经常鼓励每个学生应把目标定为distinction（优秀），merit（良好）主义是不可取的；此外，学校希望学生要始终如一地发挥作用，在这里接受教育就应该为社会承担相应的责任，从更高的精神层面上给予学生约束。"路堃在提及校训时这样说道。

在学术氛围浓厚的圣安德鲁斯大学就读，生活也并非索然无味，学校有很多独具特色的传统活动，其中最为著名的传统便是May Dip（五月跳）。路堃为自己没有参加过May Dip感到有些可惜，"我看到现场跳的视频还是挺震撼的"，但为了更加身临其境地融入这种狂欢的氛围，当天他还是通过朋友圈参与了"五月跳"这个传统活动。

向着更高处的学术目标进发，研究矛盾又有趣的循环经济

因为CSR理念与可持续发展息息相关，路堃也进一步了解到可持续性发展的研究价值和意义。结合中国目前所提倡的政策理念，他从众多可持续性

发展模式中发掘到他最为感兴趣的研究领域——循环经济，将其作为博士的主申方向。作为商科和社会学的交叉领域，循环经济符合当下全球可持续发展的趋势，且与我国"碳中和"的策略相一致。

早在 2009 年，中国就推出《中华人民共和国循环经济促进法》以推广循环经济模式在社会各个领域和行业的应用。《2030 年前碳达峰行动方案》指出，要抓住资源利用这个源头，大力发展循环经济，全面提高资源利用效率，充分发挥减少资源消耗和降碳的协同作用。在政府的政策导向下，循环经济不仅具备良好的发展条件，相关前沿研究亦能为经济高质量发展和生态环境高水平保护作出积极贡献。

对于循环经济的研究意义，路堃也表达了自己的思考："从技术层面上来说，循环经济的实现是依托于包括热力学在内的多学科的深度研究，但我们在建构这个概念或者体系的时候，它又是一个关于社会性架构的问题，它是'非科学'的，甚至很多方面不可预测，暂时无法通过数学模型去完美预测，可是它的实现又要依托于科学的发展。"基于这样的思考，路堃将隆德大学 Corvellec 博士提出的"循环经济这个诡异的概念是建立在科学和半科学的异质性集合之上"作为自己的微信个性签名，他表示正是由于循环经济还未拥有一个统一的定义，才拥有一个更广阔的研究空间，研究起来更有趣，也更有价值。

从当前循环经济的推进来看，路堃认为目前全球所实行的一些循环经济的措施基本上是"被动性"的，例如为促进全球减排，欧盟开始征收"碳关税"。而他"理想主义"地希望自己所从事的研究方向，能够为中小企业的盈利模式注入新的活力，帮助它们建立一个相对健康的生态链。

经过精心的策划和事无巨细的准备，路堃如愿以偿地收到了巴斯大学和莱斯特大学发放的循环经济博士 offer。综合考虑到时间成本、学校熟悉度和导师等各方面的因素，他最终接受了莱斯特大学的 offer，将用未来 4 年的时间在此完成他的博士学习。

莱斯特大学商学院

在博士生办公室,路堃也有一个属于自己的工位

关于博士期间的规划，他希望先了解清楚学校对于博士的考核机制，根据与导师的沟通有条不紊地推进自己的研究，如果时间允许的话，多参加一些学术界的会议就再好不过了。

随着疫情的结束与国门的敞开，阔别英国三年的路堃终于可以再次回归学校，深度感受和体验学术的魅力了。

张楚旋

从纠结到坚定选择，在爱丁堡大学追随更热爱的媒介研究领域

回望过去的学习历程，张楚旋感慨自己经历过两段比较纠结的时期。一是大三准备考研的那三个月，二是考虑读博还是工作的那段时间，首鼠两端的状态令她分别在攻

新文科：拓展创新思维　　131

读硕士和博士之前 gap 了一段时间。如果没有这两次"阴差阳错"的经历，她的学术之路可能会更加从容顺畅。但人生没有白走的路，正是在一次次的纠结与考验中，她看清了自己的内心，越发坚定了自己对于做研究的兴趣和追求。

怀着侥幸心理尝试考研

2017 年，考研的热潮在大学生群体中方兴未艾，报名参加 2017 年全国硕士研究生招生考试的人数首次突破 200 万。虽然 2023 年考研报名人数较那时已经翻了一倍多，但从现在来看，2017 年考研可以看作是考研人数激增的起点。

彼时，张楚旋在华东师范大学汉语言文学专业就读大三，身处 985 院校，她身边的很多同学都在准备 12 月的硕士研究生考试。受到这种汹涌浪潮的鼓动，她突如其来地萌生了"随大溜"的想法，觉得自己也可以尝试一下走这条道路。

在此之前，她一直受到家人的鼓励和影响，计划毕业之后出国读研，开阔视野。但周边热火朝天考研的氛围动摇了张楚旋的出国想法，她转而在当年的 9 月着手准备考研，成为万千"考研大军"中的一员。

然而，当时距离 12 月的研究生初试只剩三个月的时间，与很多提前半年甚至一年备考的同学相比，张楚旋本就存在筹备时间不足的问题。在这种境况下，她仍觉得"自己是存在后路的，考不上还可以出国读研"，导致她在有限的备考时间中也并没有非常努力。

没有全力以赴，加上时间上的"杯水车薪"，最后张楚旋没能通过初试。时至今日，她虽然已经可以坦然地提起这段经历，但仍然对当时的自己感到有些不齿，她说："虽然全力以赴不一定能守得云开见月明，但至少那样的脚步比较踏实。而我目标不够明确，也没有全力以赴，寄希望于侥幸，跟别人为此付出的汗水和努力是无法相比的。"

这也间接影响了她的留学申请，当她回过头来开始重启出国读书的筹备时，很多海外院校已经关闭了申请通道，她也因此在毕业后为申请硕士而不得不 gap 了一年。

在汉语言文学的土壤中，生发出对媒介研究的兴趣

作为华东师范大学的王牌专业之一，张楚旋所就读的汉语言文学专业的学习范畴非常广阔，不只包括文学本身，还包括以文学为轴向的历史，以及相关的哲学、语言学及文化理论等。

在张楚旋就读本科时期，正值短视频现象级兴起，各种类型的短视频井喷，学界也开始将注意力放在与之相关的文化和媒介研究上面。短视频的浪潮也给予了张楚旋灵感，写作毕业论文时，在导师的建议之下，她将毕业论文的选题确立为与短视频相关的媒介研究，并选择快手作为她的核心研究平台。

通过对快手平台的深入了解和研究，她发现，曾经被城市和精英文化覆盖的农村在快手上以另一种形式回归到大众的视野中，引起了人们的注意。在日复一日的研究中，她逐渐意识到"原来媒介对于受众有着这么大的影响"，也越发好奇媒介究竟能产生多大的能量。受兴趣与好奇心的指引，她逐渐沉迷于媒介研究这一陌生而深邃的领域中，在这个过程中，她今后要进一步研究传媒相关专业的想法也越发明确。

作为老牌传媒帝国，英国诞生了众多国际知名的大众传播媒体，媒体实践的蓬勃发展与理论研究的前沿探索深深吸引了张楚旋。根据本科积累的学习成果，她成功申请到伦敦国王学院、谢菲尔德大学、爱丁堡大学等众多顶尖高校的 offer，并于 2019 年启程前往爱丁堡大学，攻读她最为心仪的数字媒体与文化专业。

爱丁堡大学老学院（Old College）

在爱丁堡大学，适应"自主学习"的模式

爱丁堡大学坐落于英国苏格兰首府爱丁堡市，有着浓厚的人文艺术气息。这里每年举办多个大型艺术节，《福尔摩斯探案集》《哈利·波特》等文学作品也诞生于此。在爱丁堡大学就读的学生，总会感受到不可多得的文化体验。

在爱丁堡皇家一英里大道上，海鸥立于亚当·斯密雕像之上

张楚旋所就读的是研究型硕士，不同于大部分同学所申请的授课型硕士，该课程以学术研究为导向，就读该类硕士的学生往往是为了将来继续攻读博士学位。虽然听起来比较有难度，但张楚旋表示，课程设置其实相当友好，包括研究方法、研究中的道德问题，甚至包括如何进行学术写作、如何整理文献等入门级的内容，课程老师几乎是手把手地在教授学生。

即便以学术研究为主，学制也只有短短的一年，因此她常常感受到时间的紧迫性。尤其是在期末的时候，"所有DDL赶在一起，压力很大"。令张楚旋印象最为深刻的一门作业是学生需要搭建一个网页，其中嵌入自己创作的内容，比如游戏或视频。对于计算机专业的学生来说，这项作业可以说是"小儿科"，但却让从未接触过网页搭建的张楚旋颇为"头大"。她无奈地说道："上课的时候老师会讲授一些非常宏观的、理论层面的机制和概念，但是技术层面的内容比如软件实操，就要完全靠自己去学习。"为了完成这门作业，她只能在课后时间完全依靠自学攻克这些技术难题。

这种学习状态几乎贯穿了张楚旋的整个硕士时期。在为数不多的一年时间里，她一方面要自主阅读老师布置的与课程相关的庞大的文献资料，另一方面还需要兼顾每门课程的作业要求，自己摸索如何完成。张楚旋总结道："自习是这边学习的常态。"

在撰写作业论文时，张楚旋抬头看到了彩虹

然而，2020年年初突如其来的疫情打破了她平静的留学生活。随着疫情席卷全球各地，身在异国他乡的她内心也充满了焦虑情绪。"那时候虽然每天都了解到疫情的各种新闻，但实际上我们都不知道明确的应对办法，更多是对于未知的恐惧。"

"不安全感"一点点蚕食着她的生活，多种因素的叠加，使得张楚旋不得不滞留在英国。与此同时，学校也逐渐意识到疫情的严重性，开始将上课方式调整为线上授课，她除了去超市购买生活物资，几乎不需要出门。后来，外界状况的稳定也让她逐渐放下心来，开始专心筹备毕业论文，她一直坚持到8月底毕业论文提交后，才得以重返中国。

疫情前后的皇家一英里大道

举棋不定，陷入读博与就业的两难

在硕士毕业之际，完成毕业论文所带来的成就感让张楚旋悄然萌发了对于学术研究的兴趣："这个研究方向是我感兴趣的，那么这种兴趣也能支持我继续做这方面的研究。"她希望在媒介研究领域进一步深造，也不仅局限在硕士阶段，她渴望在博士阶段有更深层次的学习。

然而落实到具体操作层面上，她却不得不考虑许多现实的因素，一方面是经济问题。读博动辄需要3—5年的时间，而对于张楚旋家庭的经济状况来讲，拿出一笔高昂的博士留学费用并不容易。另一方面，"在很多人眼中，人文社科类的继续深造，很可能面临一种高投入低回报的状况"，张楚旋感慨道，这也几乎是每个人文社科类学子都会考虑的现实困境。

好在父母非常支持她继续读书的决定，加之她本身对于学术研究感兴趣、有追求，她没有轻易放弃读博的愿望。于是她一边筹备博士申请，一边寻找一些工作机会。然而，两者都要兼顾的结果就是张楚旋的博士申请准备并不是特别充分，但她仍然抱着渺茫的希望发出一封又一封的邮件。邮件要么如同石沉大海，没有收到明确的回复，要么收到明确的拒信。面临此种境况，她灰心丧气，几乎就要放弃，说服自己"不如就先工作吧"，有段时间也不再递交新的申请。

就在这时，之前发出的邮件终于带回了好消息，爱丁堡大学的导师回给她一封求之已久的offer。尽管当时的张楚旋正在一家单位实习，但这封offer毫无疑问重新燃起了她心中的学术火焰。经过慎之又慎的考量，她觉得自己的兴趣还是在于读书，于是她放弃了这份实习工作，再次回归到自己更加热爱的学术研究。

如愿读博，在数字媒介文化领域进一步深耕

经历过硕士研究生期间的学习和训练，张楚旋对于博士生活适应得更加从容，也安排得更加合理充实。她除了有一门必修的研究方法类课程，其他时间都会申请一些课程的旁听，同时每个月与导师开会碰撞研究的内容和思路。与硕士研究生相比，她形容读博是"更纯粹的以自我研究方向为基准的学习过程"。

作为博士生，最重要的无异于研究方向的确立，以及围绕研究方向进行相关课题的研究。当然，要找到一个合适的研究角度和感兴趣的研究方向是不太容易的，张楚旋也曾经走过弯路。她最初的想法是做游戏相关的研究，在与导师的交流过程中，导师也为她提供了很多有针对性的建议。但由于过于想兼顾导师提到的所有想法，在最后学年回顾时，她被告知"研究范围太宽广，以至于可操作性不高"。因此，在之后的一年中，她也在不断调整论文的研究方向，摸索博士学习的节奏，如今她的研究方向更加聚焦于电子游戏、赛博格与性别，未来两至三年的博士研究也将围绕它展开。

在闲暇时，她也会走上街头，体验当地的风土人情。在万圣节期间，她报名参加了派斯利万圣节庆典，作为志愿者配合整个活动的组织和秩序的维护，与表演者沟通、为观众分发地图等，她笑称："这也算是学习压力的一种排解方式。"

除了参与传统的节日庆祝，张楚旋还参加了爱丁堡各色各样的文化娱乐活动，比如爵士音乐节，以及各色各样的游行活动等。她最喜欢的是"边缘艺术节"，她很有兴致地讲道："每年8月份的时候，全球的艺术家都会拥到这里。表演形式也非常丰富，像喜剧、音乐、杂技、舞蹈，应有尽有。"她非常喜欢一些后现代的艺术表现形式，惊讶于这些艺术家对于多样性的尊重，也非常喜欢各式张扬的表达。

皇家一英里上的"边缘艺术节"宣传板、睥睨物表的海鸥和络绎不绝的人

爱丁堡军乐节现场

  提及学习数字媒介文化的意义时，张楚旋表示："人文社科相关的学科，其实不太可能像科技相关的学科对社会产生肉眼可见的物质改变，但它的发展会潜移默化地推动每个人的思想层面的进步。比如媒介研究所引发的思考就在于，我们的观念、态度甚至于很多价值观都是很容易被媒介内容影响的。特别是在当下，媒介已经渗透于生活的细枝末节中。如果更多人能够反思性地看待这些由人创造出来的媒介内容，或将传达给未来的人类一种更加包容的意识形态。"

  身负理想，心向远方。尽管做决定的过程纠结无比，但出国在媒介研究领域深造，是张楚旋最为庆幸的选择。转眼之间，张楚旋的博士生涯已经走过了约一半的时间，她迫切希望在有限的博士时期内做更多力所能及的事情。未来，她也许还要面临人生道路上的更多抉择，但她依然会聆听自己真实的意愿，遵从内心的选择，书写自己的人生答卷，在自己热爱的领域坚定无畏地走下去。

吴思漫

渴望投身公共政策领域，为更多人带来实实在在的改变

现在的吴思漫正在美国南加州大学修读硕士课程，一边享受着加州热情的阳光，一边为自己的学业"痛并快乐着"。选择留学，对于吴思漫来说是一件水到渠成的事情。早在高中时期，她就有了本科出国留学的规划，但当时由于一些家庭因素没能成行。最终她选择先在国内读完大学再去留学。但令当时的她没有想到的是，在国内读书期间，她找到了自己的志向所在。

在支教经历中找到人生方向

2019年的夏天，在上海政法学院即将读大二的吴思漫跟随学校的赴黔实践队来到贵州望谟县进行支教活动。"沪助黔行"是上海政法学院里最大的支教团体，几乎每年的暑期都会组织学生深入大山，提供教育服务，帮助当地的家庭看见外面的世界，搭建与外界沟通的桥梁。

望谟县位于贵州省南部，在当年还是省14个深度贫困县之一。这里山脉绵延，沟谷纵横，修路、造桥、通电、引水……这些在大城市里司空见惯的基础设施建设，在这个地方却因山高坡陡而步履维艰。

受制于相对落后的交通条件，这里的孩子难以接触到外界的资源。如果不是亲身踏上这片土地，穿过蜿蜒的山路，吴思漫不会真切地感受到贫困山区孩子们知识的贫乏和经济的窘迫。"我当时到了那边非常受震撼。"她感慨道，"那里的贫困真的是触手可及。"

在望谟县支教期间，吴思漫所教的学生们

新文科：拓展创新思维

在望谟县,吴思漫给当地的孩子教授少儿经济学、少儿绘画及舞蹈课,也曾走访过贫困山区的困难家庭。这里的孩子多由年迈的爷爷奶奶看护,孩子的父母大多外出务工,对孩子和家庭都疏于照顾,也不清楚如何才能给孩子更好的教育。而吴思漫所能做的就是尽可能地开阔孩子们的眼界,激发他们想要努力学习、走出大山的自驱力。她表示:"其实很多孩子并不是说学习能力不足,而是因为没有见过外面的世界,所以没有想要走出去的动力和想法。我希望自己能成为他们看见世界的窗口,让他们知道如果能到一个城市里的好大学读书,那么未来的生活会有怎样的改变。"

在我国,像吴思漫学校组织的这样的支教团队数量并不少,每年远赴贫困山区的支教老师也不计其数。但他们大多会面临一个普遍问题:"如果我(们)离开了,孩子们怎么办?"基于这个问题,上海政法学院赴黔实践队将当地孩子进行拆分,每个队员会认领 2—3 个家庭,进行点对点帮扶,并要求定期回访。同时建立数据库,为每个孩子建档,队员们在完成回访之后都要实时同步更新相关信息,明确说明孩子当下的具体情况和所需帮助。这样,即便当前队员们毕业离开了学校,后面的团队也可以很好地了解孩子的情况,并提供支持。"我们当时想着做这样的项目也并不是说我们自己开心就好,而是要让人看到,要长久地做下去,要持续地给他们提供支持。"吴思漫总结道。

直到现在,吴思漫还与当时认领的 3 个女孩及其家庭保持着比较频繁的联系。哪怕她已经到了美国读书,他们还会时不时地微信视频,分享近况。吴思漫也会向女孩们讲述美国的风土人情,讲述在美国发生的一些趣事。而在每一次沟通后,她都会将所了解的情况做成报告提交到数据库中,便于现在在校的队员继续跟进。其实,吴思漫完全可以找"在国外""时差不方便"等理由减少或拒绝与孩子们的沟通。但在她看来,能让她所帮扶的孩子迈出家乡、走向更大的世界是一件非常不容易的事情,"我很热情地去做这个事情,希望能够真真正正地帮助到她们"。

2015 年,我国政府正式发布《中共中央 国务院关于打赢脱贫攻坚战的决定》,提出要确保到 2020 年农村贫困人口实现脱贫,吹响了脱贫攻坚战的冲锋号。2015—2020 年的五年间，国家全力支持各地政府消除贫困，各省区也将消除贫困作为当地的首要工作要务。望谟县政府在那个时期里也不断争取上级支持、招商引资、筹集资金用于当地基础设施建设，带动各村镇开展种植养殖产业，实现贫困户产业全覆盖，终于在 2020 年年底，赶上了"脱贫摘帽"的末班车。

虽然吴思漫没有办法亲眼见证望谟县最终脱贫致富，但那段支教经历对她来说意义非凡："我去的时候，望谟县其实已经较往年发展得更好了，这种变化让我真切感受到一项利好的政策能给这些贫困地区带来非常大的改变，也让我萌生了未来要在公共事业里面深耕的想法，我也希望能够成为做出这样改变的人。"

吴思漫（左一）与望谟县孩子们合影

跨专业申请，实习经历成为助力

2018 年，在云南土生土长的吴思漫进入上海政法学院财务管理专业就读。对于这个选择，当时只有 17 岁的吴思漫有着比大多数高中生更加深远的规划。"我当初在选学校的时候，包括后来我申请研究生，首先考虑的就是学校的地理位置。因为上学期间积累到的资源可以为之后的就业提供帮助。当然，还有一点就是我比较喜欢上海，毕竟这座沿海发达城市就业机会多，对我今后的发展也很有帮助。"

在中国的政法界有"五院四系"这样的说法，这几所高校的法律学科在中国法学教育界具有重要地位。上海政法学院虽然不在其列，但该校的学生在上海当地的就业率非常高，这与其对本科应用型人才的重视和培养不无关系。吴思漫就读的财务管理就是这所院校对应用型人才培养的典型专业之一。

上海政法学院开设的财务管理不仅会开设金融类课程，还会涉及数据分析、统计等相关内容的学习。在这个过程中，吴思漫渐渐对数据挖掘、计算机语言等数据科学内容产生了浓厚的兴趣。随着互联网技术不断发展、信息化建设不断完善，数据成为推动社会各行业发展的重要动力。"我后来进行了很多与数据分析相关的实习，我确定这就是我未来想要发展的方向。"她表示，"而且我觉得计算机语言在以后很有可能像英语一样成为我们的第二个语言，早点接触和学习总归是有帮助的。"

多段与数据分析相关的实习给了吴思漫很大的帮助，不仅体现在本科学业方面，同时也体现在她的硕士留学申请上。

跨专业留学申请并不是一件简单的事情。虽然大部分海外高校对跨专业申请持开放态度，但文商科专业学生想要跨申理科，大部分院校还是会对申请人在先修课程上有一些明确的要求。比如，有些院校会列举出明确的先修课程明细，要求申请人必须修读过这些课程；也有一些学校并不会列出对先修课程的明确要求，但是需要学生能够证明自己具备学习这个专业的潜能，比如专业相关的科研经历、论文发表或者实习及工作经验等。

吴思漫的实习经历弥补了她没有数据科学专业相关课程背景的短板，也帮助她很好地展示了自身的学习能力和想要深耕的决心。2022年，吴思漫顺利收到了自己心仪的录取——美国南加州大学公共政策数据科学专业发来的offer。

南加州大学校园一隅

赴美读研，向公共政策领域进发

南加州大学的公共政策数据科学专业是吴思漫从美国高校数量众多的硕士专业中精心挑选出来的，这个结合了公共政策和数据科学的交叉性专业就像是为她实现理想量身打造的一样。"缺点就是这个专业申请难度特别大，"吴思漫苦笑道，"它对申请人的 GPA 和语言考试分数要求都非常高，我还记得当时备考 GRE 的时候特别痛苦。我入学的这一年全球只录了两个人。"

虽然申请的过程艰难，但这个专业开设的每一门课程仿佛都开到了她的心坎里。"它融合了公共政策、数据科学及机器学习等课程内容，培养目标也是希望我们能够利用数据挖掘和分析给公共和私营部门的政策制定提供决策依据。光看到这个表述我就知道，这就是我未来想要从事的工作方向。"她肯定地说。

建于 1930 年的 Doheny Library，吴思漫经常来这里学习

数字是社会的缩影，可以揭露社会隐藏的一些问题。但同时，数据也带着前瞻性，通过对某一课题进行数据挖掘与分析，可以将这些丰富的数据信息转化为有用的洞察力，从而预测出该课程未来的趋势和走向。在美国南加州，几乎每个政府机构都有专门的大数据和创新部门，为公共政策的制定提供可靠支持。而包括 IBM 和 Google 在内的世界领先技术公司已经创立了专门的部门并研发了相关产品，旨在利用这些工具为公共政策制定服务。

南加州大学所在的美国洛杉矶城市风光

一项好的政策可以在一定程度上引领社会发展的步伐，从而引导一个国家繁荣与进步。在亲身体验了望谟县的变迁，参与了对望谟县个体的帮扶之后，吴思漫希望自己也能参与到更多这样的好的政策制定当中，运用自己所学为真正有需要的人带来帮助，甚至是命运的改变。"随着社会发展和数据科学的联系越来越紧密，数据和数据科学在政策的制定和实施中起的作用越来越大。"吴思漫说，"我希望未来能够为社会服务，让更多人通过我参与或辅助制定的政策变得更好。"

汤春晓

与健康传播结缘，在加拿大沉淀自我

在英国短短一年的留学经历，带给汤春晓的不仅是学识的增长、眼界的开阔，也让她对世界有了更深刻的理解。正是因为想探索更多实现自我价值的路径，她二度留学，来到加拿大渥太华大学学习健康传播学。如今的她，已在渥太华从事医药健康行业的市场营销工作，她相信，在充满未知和不确定性的世界，健康传播学有着不可替代的价值，她能够将自己的所学更好地服务于公众和社会。

加州访学，萌发留学念头

在读大学以前，汤春晓从未有过出国留学的强烈念头。尽管她的父亲长年在国外工作，时不时劝她未来可以考虑出国留学，去外面的世界看一看，但作为一个从小到大几乎连省都没怎么出过的孩子，她本能地对"独自在国外求学"这件事情感到恐慌，觉得自己"应付不过来国外的生活"。

直到 2015 年，汤春晓对出国留学的态度开始发生转变。由于本科院校与美国加州州立理工大学波莫纳分校合作开展了一个关于青年领导力的项目，彼时就读大二的汤春晓被派到加州进行为期 20 多天的访学活动。在加州，她和当地的学生一起学习和生活，了解关于青年领导力的基本知识，最后与小组成员共同完成一个 project。其间，本地的学生代表全程陪同他们游玩，科普当地的文化，交流彼此的大学生活，等等。丰富多样的活动令汤春晓眼界大开，这 20 多天的访学体验使她突然发觉，在国外生活好像也没有想象中那么难，以她的个人能力似乎也可以适应这样的生活。

汤春晓在加州访学

其中，令她印象最为深刻的是，当地老师在讲课的时候，学生可以随时站起来提出自己的疑问，与此同时老师也会友好地以开放的态度接受学生的质疑，双方进行平等的讨论。对于从小接受国内教育长大的她来说，这种互动是她此前完全没有见到过的，也因此给她带来了不小的文化冲击。她对此感到非常惊讶："当时有点把我震撼住了，因为我见到的基本都是老师在课堂上讲，学生在下面听和记，如果有问题可以下课去问或者举手去问，很少有人直接站起来说：我觉得你说的不对，我有不同的看法。"

国外课堂上自由、平等的交流氛围，如有魔力般深深吸引着汤春晓，进而改变了她对留学的态度。在结束访学活动后，她丝毫没有拖泥带水，便开始规划出国读研的各种事宜。

学习传媒是"自然而然"的过程，在英深度体验传媒实践

高中时期，汤春晓在学习上比较偏科，她更擅长英语和语文，但比较抗拒学习数学。在高考报志愿时，她为了规避在上大学以后还要学数学，便选择了广播电视新闻这个专业。

汤春晓从小性格活泼，热爱组织活动，在大学里，她在学习基本专业知识的同时，也不遗余力地参加了很多与专业相关的实践。她在学院的传媒中心踏踏实实地经营了3—4年的公众号，积累了厚厚一沓的作品，以及拿得出手的采写策划经验；还曾经在江苏卫视实习，做过一段时间的新媒体编辑。在实践的过程中，汤春晓逐渐感受到了新闻采编和活动策划的乐趣，她发现自己确实能够在相关的活动中找寻到自己的价值，自然而然地，她便将传媒行业作为自己未来的发展方向。

在留学筹备时，汤春晓没有选择曾经访学过的美国，而是申请去老牌传媒帝国英国留学。相较于综合排名，她在择校时更加看重专业排名，也因此将目标定在了在传媒领域底蕴深厚、专业声誉高、实践机会多的威斯敏斯特大学，也很幸运地收到了理想中的公共关系硕士专业的录取通知书。本科毕业后，她随即前往英国就读。

威斯敏斯特大学位于英国首都伦敦的市中心，与伦敦当地知名传媒公司建立了合作关系，能够为学生带来众多的传媒实践机会，还经常邀请传媒行业的领军人物来做客座教授或开设讲座，传媒实践资源可谓是充足多样。偏重实践的特性也体现在了课程设置上，一般会要求学生帮助不同的企业策划各种公共活动，学生还有机会带着自己的作品去参加一些公关比赛。令汤春晓记忆深刻的学习内容之一是，为一个黄油品牌策划一场亲子活动。为了做出一份完整的活动策划书，她和小组成员不辞辛苦，一起做了相当充分的前期调研，研究了解了各种不同品类、不同品牌的黄油，以及当地人对于黄油的偏好和习惯等，最后一起在图书馆里熬夜完成策划书。类似这样的作业还有很多，过程也令所有同学都无比头疼，但汤春晓不得不承认，它极大地锻炼了自己的策划能力，帮助自己积累了更加深厚的实践经验。

英国留学期间的汤春晓

不同于国内2—3年的硕士项目给学生预留了充足的时间来进行上课、实习、写毕业论文，在英国，一年制的授课型硕士项目需要学生完成从入学到毕业的所有步骤，因此时间安排得非常紧密。汤春晓苦笑着说："一年有三个学期,基本上都在上课以及完成一个又一个的作业中度过,我那时基本每天疯狂熬夜,才能按时交付作业。"

饱受工作压力,出国读二硕寻求自我价值

从威斯敏斯特大学顺利毕业后,汤春晓便充满热情地投入了人生的下一阶段——工作。然而,人生并没有绝对的一帆风顺,她的第一份工作就承受了巨大的压力。忙到凌晨3点才能够下班是家常便饭,甚至有时候崩溃到在深夜的街头痛哭流涕。她说,自己一度失去了生活的意义和前进的勇气。

当时,她仍然和英国学习时认识的一位同学保持着联系,在日常的交流中,她逐渐了解到,这位加拿大籍的同学本科就读于渥太华大学,如今已经回到加拿大继续生活,同学也为她介绍了一些加拿大的风土人情和留学的利好政策,令备受工作压力折磨的她心动不已,这在潜移默化中增强了她迫切逃离现有生活,换种方式继续实现自我价值的愿望。于是,跟家人商量之后,她计划着:"申请二硕试试看吧。"

申请的过程也并非顺风顺水。因为加拿大院校的传媒专业申请难度很高,对于申请人的背景、语言能力乃至工作经历都有一定的要求。当时,她一连申请了5个院校,其中4个都给了她拒信,她仍然坚持着没有放弃,在最后关头,渥太华大学终于回馈给了她一缕希望,2019年秋,她如愿来到加拿大开启崭新的人生。

转到健康传播方向,是她最庆幸的决定

汤春晓到加拿大没过多久,疫情很快就开始在全球肆虐,渥太华大学开始采取线上授课的模式。就在汤春晓已经上了一段时间的网课后,她在学校官网上发现新设立了一个叫作"健康传播学"的硕士项目。

最开始,汤春晓在渥太华大学的专业方向是组织传播,这是一个偏学术的项目,她本身并不是特别感兴趣,她更加青睐实践类型的项目。新开设的

健康传播学项目使她"蠢蠢欲动",这与她的个人兴趣十分契合。因为汤春晓的妈妈是位医生,她从小在医院里长大,对于卫生系统和健康方面的知识并不陌生,她的妈妈也经常跟她聊到工作中发生的医患沟通矛盾。当了解到有这样一个项目存在时,她觉得这就是缘分,再加上疫情大环境的影响,她认为健康传播更加符合时代要求,也更有价值,于是她义无反顾地申请转到了健康传播学方向。

渥太华大学

  健康传播学方向虽然也是研究型硕士,但在具体学习过程中,老师们会特别鼓励大家在大量阅读的同时,努力践行学习到的知识。汤春晓和同学们接触了当地卫生部的传播专家,一起设计公共卫生传播策略,针对不同种族的人群制订疫苗科普计划。与此同时,她还在医疗健康服务中心兼职,通过撰写科普文章的方式,努力在留学生和移民社区推广各类疫苗等。这些宝贵的学习机会都来自渥太华大学和社区的资源。

也正是得益于这些实践机会，加上个人兴趣的引导，在撰写毕业论文时，她将毕业论文选题确立为医患沟通方向，研究跨文化医患沟通与移民妇女生育健康之间的关系。谈及毕业论文时，汤春晓道出了自己的想法："我注意到很多移民在生儿育女的时候会遇到一些麻烦，比如语言上的障碍会使其描述不清身体的不适感；比如移民不够了解加拿大医疗系统的复杂性，求助无门导致耽误病情。对于所有移民来说，在跨文化医患沟通上都会遇到很多共性的问题，所以我会觉得这个选题会比较有价值，研究的结果或许也能够帮助到这些移民人群。"

时至今日，汤春晓提到转专业方向时还说道："我很庆幸自己做了这个决定。"对她而言，在健康传播方向的学习，不仅更加契合她的研究兴趣，还帮助她深入地了解到加拿大整个医疗系统的运作，能够向更多的人普及医疗健康知识，惠及家人、身边的朋友乃至社区，于她个人看病就医也颇为方便。

在加顺利就业，展望未来人生

疫情的肆虐，几乎影响了汤春晓在加拿大的整个留学生活，不仅正常的生活受阻，与同学、导师关系的建立和熟悉也变得更加困难。直到 2022 年 5 月，她才结束上网课的日子，回归到线下的学习状态，但很快她就从渥太华大学毕业，再次结束校园生活走上社会。

毕业后的汤春晓并不着急回国，而是沉下心来，在渥太华一家健康服务公司从事市场营销相关的工作。最开始这只是她的一份兼职，但因为在工作过程中接触、了解到形形色色的移民所遇到的就医困难，她觉得自己既然学了健康传播学这个专业，可以帮助到更多的人，尤其作为中国人，也更应该力所能及地帮助这里的中国人，因此在毕业以后就将其作为一份全职工作坚持下来。

从来到加拿大读书深造起，汤春晓离开家乡已经三年有余了，她思念远在国内的妈妈，内心深处也向往着有朝一日能够回家看看，但双方一直因为

汤春晓在渥太华附近翠湖山庄山顶

疫情和工作的原因没能相聚。她不愿意一直与家人保持两地分离的状态，也在计划着未来可以回国发展。

在她看来，国内的公共卫生政策的普及还有很长的一段路要走，也意味着有很大的发展空间。她解释道："比如疫情时期很多人对新冠有很强的恐慌感，这是因为他们对相关的知识不够了解。"她希望如果将来回国发展，依然能把所学的健康传播知识运用到实践中，尽她所能地普及公共卫生，为这个社会创造更多的价值。

张嘉睿

努力与收获成正比,在中国香港拓展国际化视角

到香港浸会大学读研之后,张嘉睿发现,这里的导师在课堂上尤为鼓励学生畅所欲言,进行足够的互动和交流,希望学生可以在专业知识上进行充分的阅读与广泛的涉猎。虽然学制只有短短的一年,但张嘉睿深刻感受到自己的理论视野越发宽广,想法和观点也更为多元。

从儿时的兴趣出发，找寻专业的热爱

自小学开始，张嘉睿在英语学习上就表现出了极高的热忱。一提到那个爱开口说英语、看英语故事书的小姑娘，身边人的第一反应便是张嘉睿了。"虽然那个时候年纪不大，但因为自己对英语学习的喜爱，我早早便有了长大后想要持续性学习英语、出国留学或工作的想法。"她回忆道。

因此，在语言学习兴趣与长期努力的共同作用下，张嘉睿在高考后毫不犹豫地报考了一所自己喜爱的国内知名外国语大学，并被顺利录取。而至于专业，基于父亲的影响，她最终坚定地选择了交织着英语与国际视角的国际事务与国际关系学。"因为我的爸爸很喜欢政治和经济，在我小的时候，他经常会给我绘声绘色地讲述各个国家的历史与文化。"张嘉睿解释说。渐渐地，在潜移默化和日积月累中，她比同龄人了解和熟知了更多"有趣的知识"。甚至在看到一条时政新闻后，她也能够在第一时间以独特的视角展开分析与讨论。这些为张嘉睿未来的专业学习打下扎实牢固的基础，也给予了她不断进步的动力。

大学期间，她全身心投入更高层次知识的汲取中。与此同时，从未丢弃过初心的张嘉睿也从未停止过英语学习的脚步。她利用暑期或者其他闲暇时间去小学担任实习英语老师，教授学生们英语语法学习的技巧，以及如何使用日常的交流语言。或是借着学校国际关系学院语料库资料整理工作的契机，承担外文翻译员一职，协助老师搜集各大外国网站中有关大国国际关系的内容资料，并以时间为顺序展开进一步的整理和翻译。

在诸如此类的实践经历中，张嘉睿不仅提升了自己的英语表达能力和中英文互译能力，还更加深入地学习和理解了所学的国际事务与国际关系的专业知识。

考研失利走上留学路

大三时，在老师的鼓励和支持下，张嘉睿多次在社会研究领域进行了区域国别政治经济学方面的研究，例如美苏冷战、北爱尔兰问题、东北亚大气污染以及欧盟碳排放权交易市场等，也非常有幸参加了数次联合国、外交部会议。"随着研究经历的不断丰富，我感到受益匪浅，也日渐渴望今后可以在专业领域中持续深耕，不断提升自我分析国际事件的视角与体系。"张嘉睿言语坚定地说道。所以，彼时的她同国内当前大多数的大学生一样，成为"考研大军"中的一员。

"千军万马过独木桥"，国内研究生备考的竞争尤为激烈。为了冲刺理想的院校，张嘉睿也付出了相应的努力。夜以继日地备考专业课，提升做题与答题能力成了她那时的"家常便饭"。无奈，考研结果给她开了一个玩笑，2022年考研报考人数以及分数线再创新高，张嘉睿悻悻落榜。但始终保持着积极心态的张嘉睿并没有因此而放弃继续深造的想法，转而以最快的速度筹备留学申请。"因为我知道我必须抓住一切机会，为自己的理想而战。而且，如果能够拥有海外学习经历，对我们这个专业的学生来说非常重要，可以大大增强我们在今后求职和就业中的竞争力。"她说道。

张嘉睿对自己的评价是"一个有着明确目标的人"。由于当时正处于疫情防控期间，有着距离优势和高性价比特点的中国香港很快便成了她的首选留学目的地。作为一个国际化的大都市，中国香港云集着大量的全球性资源，加之高校硕士学制大多为一年制，学习过程既充实又高效，能够节省大量的时间与金钱投入，"可谓是性价比超高"。

在院校的筛选过程中，香港浸会大学的一名全球社会研究方向的教授引起了张嘉睿的关注，这位老师的专业研究方向与她本科的重点学习内容很接近。"不仅如此，他在社会发展方向的研究也非常精通，与我的兴趣点和专业都非常契合。"她如是说，"全球研究专业是一门集合了政治、经济、文化与国际关系的综合性专业，涉猎非常广泛，能够深入探索个体、社区、国家和国际的各种问题，我认为用一个词概括便是'海纳百川'。"

而香港浸会大学作为中国香港八所公立大学之一，多年来一直积极地参与国内外各种的学术交流活动，和多所世界级海外院校都保持着紧密的联系与合作。在互联网海量信息搜集中，这些优秀且突出的软硬件条件都促使着张嘉睿决心向这所院校不断靠近。

香港浸会大学校园一角

始终相信勤能补拙

每一次成功都绝非偶然，凭借着本科期间的优异成绩和丰富的学术实践经历，在2022年的秋天张嘉睿带着希望与憧憬坐上了前往中国香港的飞机，开启了在香港浸会大学崭新的留学生活。

"不过，实话实说，在刚开始的时候，我的内心还掺杂着一些胆怯。"她坦言道。因为作为一个内地长大的孩子，最担心会遇到的问题就是语言不通。香港是粤语系地区，虽然普通话和英语的使用也较为广泛，但在日常的交流沟通中，对粤语一窍不通的张嘉睿难免会遇到困难。"听不懂别人在说什么，很容易尴尬，要一点点地去适应。"

再者，来到学校接触了一段专业课程的学习后，张嘉睿发现，香港浸会大学的全球社会研究方向专业课设置与本科的国际事务与国际关系学专业还是存在着比较大的差异，香港浸会大学更多地会偏向于从社会角度展开国际

新文科：拓展创新思维　　159

关系相关研究。因此，这不仅需要她阅读老师在教学期间源源不断发放的书籍和论文资料，还需在课外去图书馆多看一些相关的书籍进行补充，整体而言，需要投入更多的时间与精力。

"不过，勤能补拙是我的人生格言"，通过不断的总结、积累，以及回顾并关联本科的专业知识，张嘉睿逐渐有了足够的底气。在后来的课堂展示（presentation）中，她不仅可以从社会学视角侃侃而谈，还能够大胆从容地从政治视角展开自己的论述。"这反而会比别人多了一个新颖的角度。"张嘉睿笑着说，"即便老师在课堂中进行提问，我也能毫不怯场地站出来直接同老师沟通交流。"

张嘉睿在小组课堂展示中发言

知识终将走向实践

采访期间，张嘉睿已然开始了毕业论文的筹备与撰写。她希望能够通过大量资料的收集与整理，更深一步地研究与分析社会不平等问题。

"在论文的选题定题期间，我跟导师的联系非常紧密，老师会时常为我提供一些方向性的建议。"张嘉睿阐述道，"感谢老师对每一位学生想法的尊重，他不会过多地干涉我们，而是让我们围绕观点展开与发散。"

在问及未来的规划与发展时，张嘉睿表示并不会继续深造读博，"大概率会直接找工作"。因为，在她看来，自身的知识体系已经比较完整，不论是政治、经济还是社会，这三大方面知识都有所涉猎，也希望可以尝试迈入职场，将自己的专业知识落地实践。

如今，作为一名即将毕业的留学生前辈，张嘉睿对在中国香港的学习与成长都保持着非常高的评价。无论是专业学习上国际视野的拓展和"敢于挑战自己"，抑或是个人性格上的日益开朗与独立，都将成为她未来个人发展的一笔沉甸甸的财富。

香港夜景

"遇到困难一定要勇于尝试，机会总是给有准备的人。计划来中国香港留学读研的学弟学妹们，首先要规划好自己选择的专业，也就是想从事什么工作，或者是否要继续下一步的读博学习。因为你只有制定了明确的目标和方向，才能少走弯路，毕竟留学时间只有一年。"张嘉睿用自己的亲身经历建议。

时间最不偏私，给任何人都是 24 小时。身为留学生更应当保持好自己上课时的状态，并在课余持续巩固与补足。正如她所说："要学会利用短暂的时间，实现自我价值的最大突破。"相信这些人生信条，也会成为张嘉睿未来求职发展强而有力的不懈动能。

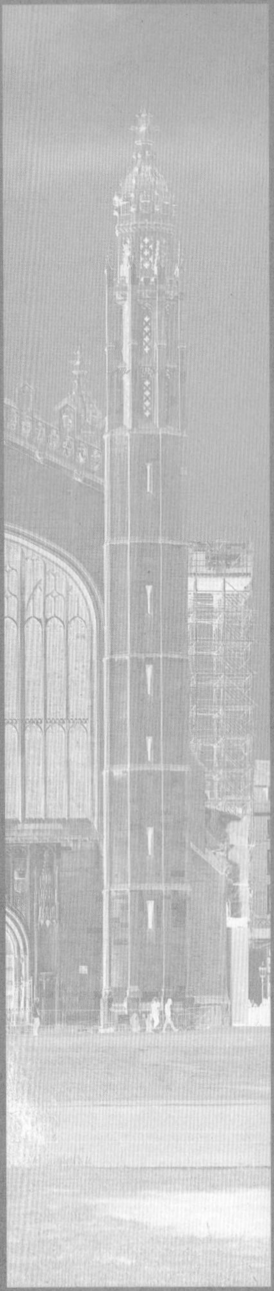

BEYOND OVERSEAS STUDYING

4

新农科：
实践引领创新

南征宇
带着初心出发,助力祖国食品行业崛起

谈到儿时的记忆,南征宇的印象中最深刻的是那股浓浓的奶香味。小时候经常生病的他,被妈妈送到了位于秦岭南部风景宜人的外婆家。因为抗拒打针和吃药,为了让小征宇快快好起来,外婆每天清晨都会向当地的奶农购买一些新鲜的散装牛奶,拿回家中,用柴火支起一口大锅煮牛奶。煮沸的牛奶香甜可口,即便如今远在大洋彼岸的南半球,尝遍了各种营养美味的奶制品,这股味道依然在南征宇的脑海中萦绕,挥之不去。

一种"中国食品人"的自豪感

高考时，南征宇并没有像同龄人一样报考当下非常热门的商科，而是选择了东北农业大学的乳品工程专业，作为对儿时记忆的一种怀念。东北农业大学的乳品工程专业由中国乳业的奠基人骆承庠先生创办，作为国家级特色专业，学生在本科期间可以学习到乳制品的加工工艺和工艺分析、乳品化学、乳品微生物学、原料奶生产技术、工厂设计等内容。这一专业不仅在国内排名数一数二，"3+1"的课程设置也为学生提供了理论与实践相结合的机会。

大学时期的南征宇

结束了前三年的基础理论与加工实践学习，大四的南征宇通过学校的合作项目来到了国内最早的乳品企业之一——飞鹤乳业进行顶岗实习。飞鹤是婴幼儿配方奶粉领域的龙头，在这里实习的一年，让南征宇受益匪浅。他不仅接触了企业从原料奶收购处理到最后终端产品检验与出售的全部产品环节，还得到了企业中不少经验丰富的一线老师傅的指点。"至今让我难忘的是，领队第一次带我们前往黑龙江省齐齐哈尔市龙江县的飞鹤公司，下车的一瞬间,我就被现代化的超级工厂震撼到了,其机械化程度之高令人咂舌。他们的企业检测标准非常严格,甚至高于国标要求,一种中国食品行业人的自豪感油然而生。"

南征宇实习的飞鹤乳业

　　谈到国内乳业,避不开的话题就是 2008 年爆出的三聚氰胺事件,这一奶粉污染事故让当时的中国乳业受到了巨大的舆论打击,一度陷入了"冰点"。从各类媒体的报道中了解到,至今仍有很多中国消费者不敢购买国产奶。南征宇说,其实也有很多人会问,国内奶粉之前出过那么多的问题,你为什么还要学这样的一个专业?这个问题在去飞鹤实地学习、亲眼见证了中国乳品行业龙头的生产研发和管理情况后,他有了更加坚定的答案。"虽然道路非常崎岖,但中国的乳品行业一直都在向好的方向发展,一代代乳品人在为之而奋斗。我们的国标从最开始的远不及欧盟和美国,到现在步步靠近甚至实现超越,让我对这个行业充满信心,我希望能通过更多学习,未来也成为推动行业发展的一分子。"

坚定的信念也体现在了南征宇的实际行动上，在毕业之际，他向父母提出了出国留学的想法，希望能走向更大的世界，亲自看看外面的食品行业的模样。

截然不同的南半球学习生活

随着生活质量的提高，人们对食品安全的要求也越来越高，食品科学在社会发展中占有越来越重要的位置。提到这点，就不得不提到南半球的新西兰，这里不仅气候宜人，自然风光旖旎，留学安全系数也很高。

南征宇就读的奥克兰大学是新西兰的国宝级大学，它的排名与国际声誉都非常好，相关专业在世界享有盛名。同时，奥克兰也是新西兰第一大城市，在这里，除了学习，也能享受到生活方面的舒心与便捷。

奥克兰大学校园一隅

初到新西兰时，南征宇对一切还有些陌生，新西兰的学习方式与国内几乎完全不同。如果说国内的期末考试是学生们最需要全情投入的部分，那么新西兰的考核方式可谓是多种多样。为了全面考查学生，除了期末考试，上课期间还会有很多灵活的测试，更注重学生平时的日常学习和知识积累。南征宇回忆道："在新西兰的课堂上，尽管课件内容庞大，但老师讲解的部分非常少，都需要你在课后花大量的时间将课件吃透，甚至还需要自己去进行额外的拓展学习。这些测试成绩，在最终的考核中占比为30%—40%，可以说学习更多的是靠自己的自觉性。"

最让他记忆犹新的是，曾经有一节课，老师一口气用全英文讲解了200多页的PPT，对于初来乍到的留学生而言，因为语言考试和实际运用本身就有不小的差距，要快速跟上课堂的节奏，压力可谓很大。为了不掉队，南征宇课后反复听课堂录音，把重要知识点标注出来，拆分了解掌握。经过两个多月的磨炼，他的成绩也渐渐有了起色，课堂学习也轻松了不少。

南征宇（右二）和同学们在一起

奥克兰大学的食品科学硕士研究生学制为 2 年，第一年主要为授课型学习（结束后会拿到 Postgraduate Diploma 学位，简称 PgD），除了常规的食品科学、食品安全的课程内容，学校还会邀请工程院的老师额外开设一些与食品加工相关的工程类课程，以开阔学生的视野。同时，也会邀请新西兰当地一些企业的质检负责人来讲解、传授食品安全方面的知识，而这些正是企业在一线实地生产过程中的真实经验。第二年则主要是为期 1 年的课题研究和论文发表（结束后会拿到 Master 学位），在导师的指导下，南征宇完成了一篇 3 万多字的论文，而这项研究成果也正在准备进行投稿和发表。

牛羊比人多的天然牧场

新西兰被称为"绵羊之国"，据说在畜牧业鼎盛的时期，绵羊的数量比人口还要多上几十倍。直到真正踏足这片土地后，南征宇才对这一称呼有了切身体验。无论驱车在南岛还是北岛的乡间小路上，路两边都看不到农场主的身影，却随处可见成群的牛羊正在悠闲自得地吃草和散步。

新西兰的天然牧场

新西兰牧场也被誉为"天然的黄金牧场",空气纯净,雨水丰沛,得天独厚的优越生态环境,令牧草一年四季饱饱地吸收着自然能量。新西兰的牧场,一切都遵循自然法则,从源头保证了食品原料的绿色、健康、无污染。

亲眼领略过这一切的南征宇表示,新西兰开放牧场和散养的畜牧方式,与国内现代化和数字化的管理模式截然不同。"我曾经去过国内的飞鹤现代化牧场,那里所有的员工严格执行操作守则,无论是牛舍还是挤奶车间,都是一遍又一遍地清理和消毒,管理标准非常严苛。先进的全自动挤奶器,可以实现奶牛一次次排队去挤奶,让人深感震撼。对比起来,新西兰则更偏向于让牛和羊自由地生活。"南征宇解释说,"这主要是由于国情不同,作为全球最大的乳制品消费国之一,中国的人口众多,需要这种集成化、大规模的高效牧场。但是两者也有相同点,就是同样非常注重奶的品质,不仅要将奶牛管理、保养好,还要学习如何让奶牛生产更多、更好、更优质的奶。这也是我们食品人需要不断去学习和努力的方向。"

两年的学习科研生活,不仅让南征宇见识到了顶级牧场,也让他更加深入地了解了自己所喜爱的乳品工程相关知识,尽管学业繁重,但他乐在其中。

丰富多彩的校园及课外活动

对于国际生而言,奥克兰大学的社交活动非常丰富,每学期伊始,学校的图书馆或者相应的学院门口都会有大大小小的社团在纳新。学校的中国学生会也会定期组织中国留学生一起团建娱乐,或传授求职技巧、提供工作岗位等。

此外,南征宇还介绍道:"学校国际部是非常认真负责的,如果有同学遇到签证、保险或是生活琐事问题,学校都会及时跟进,派相应的人去协调解决。"曾经他有一个学期的课业压力非常大,但是最终通过不懈努力,还是取得了一个不错的成绩。出成绩后,他意外地发现,学校给他发送了一封邮件,不仅对他的成绩表示认可,还送来了对国际生的鼓励,让他非常感动,自己的努力能被看到。这样人性化和贴心的服务,也让南征宇更加坚信自己新西兰留学的决定是正确的。

在新西兰霍比特村

当然,独自身在海外,身边的师生、朋友可谓非常重要。南征宇觉得自己非常幸运,在奥克兰大学遇到的每一位老师都非常有耐心和责任心,尽管他并不擅长工程方面的计算,但是老师们总会毫无保留地教导他。在科研的一年中,实验室的学长学姐也给予了他莫大的帮助,不仅会经常讨论学术方面的问题,也会传授一些实验方面的经验,帮助他开阔眼界。同时,他也对身边的朋友心存感激,觉得自己遇到了一群志同道合的伙伴,在异国他乡感受到了家一般的温暖。

除了学习,南征宇还在课余时间发展出了自己的爱好——徒步。新西兰的自然风光优美,步道也非常出名,每次感觉学业压力很重时,他就会一个人来到奥克兰附近的徒步景点,开启3—4小时的徒步运动,呼吸着新鲜空气,以此来减压。

在新西兰著名景点——陶朗加芒格努伊山

正如他所言，留学并不是想象中的光鲜亮丽，很多情况下要承受孤独和不被理解，但这个过程也是成长中不可或缺的一部分。"新西兰与欧美相比本身并不算大热的留学国家，它没有灯红酒绿的生活，繁华程度可能远不及国内的大城市，但有的是美丽的大海，有的是牛羊成群的田园，出国前一定要做好心理准备和心理建设，要时刻记得自己是为什么而来。"

趋于正常的海外生活与未来憧憬

2020年南征宇留学时，正值国内和国外疫情暴发期，新西兰也经历了封锁，导致课程不得不转到线上。由于学校和老师都是第一次经历这种情况，老师无法给予学生学习方面的及时反馈，唯一的联系方式就是邮件，导致一度有些混乱，尤其是南征宇这样的需要进行实验的专业，正常进行实验的难度非常大。紧接着，新西兰决定关闭国门，这导致了南征宇的不少同学被困在国内，他们不得不通过网课的方式进行学习。后来新西兰政府不断调整疫情防控政策，实验也在学校的努力下得以正常进行。

如今，新西兰政府已经取消了抗疫及口罩政策，在公共场合也无须再佩戴口罩。南征宇生活的奥克兰地区秩序已经恢复如常。毕业前，南征宇也在当地找到了一份不错的兼职工作，在一家保健品加工生产企业里从事研发工作。现在，南征宇以 A+ 的毕业论文成绩完成了他的 Master 学位，工作上也转正了。平时，利用工作之便，南征宇会经常和新西兰本地知名的乳企 Fonterra 及 Westland 等交流，不仅能了解相关行业最新的产品信息，也能学到不少关于食品安全和管理上的优点。未来，南征宇会带着这些信息，全身心地投入祖国食品行业的建设中去，为中国的乳制品行业献出绵薄之力。

毕业时的南征宇

根据相关政策，新西兰研究生毕业后可以获得 3 年的工作签证，因此南征宇决定先留下来，积累先进的食品行业生产加工经验，未来再回国继续从事相关工作。

2022 年 2 月，国内颁布了 21 世纪以来第 19 个中央一号文件，更加关注"三农"问题。然而整个行业发展仍然存在良莠不齐的情况，时常出现不法商家为了节约成本而钻法律空子的现象，而监管体系的缺失与疏忽问题也导致食品安全一次次出现爆雷问题。

对此，南征宇既感痛心，也深知任重道远。"在有限的空间时间里，要让 14 亿人喝到放心奶本身就是一件非常不容易的事情，所以我觉得我们需要给中国乳业一点信心和耐心。老师们的教诲字字珠玑，至今仍印在我的脑海中，未来我希望能投身到乳制品的研发和创新工作中，用自己在海外所学的知识，以食品人的身份，为祖国的食品行业建设和食品安全贡献一点力量。"

韩运泽

源于内心理想追求诗和远方,赴日学习生物资源经济

每当乘坐飞机时,飞机起飞冲向高空的瞬间,韩运泽总是习惯性地从窗户往下看去,发现繁华的城市很快就在视线中变得不起眼直至消失,而广袤的农村地区星罗棋布。他想,这才是我们国家真正重要的地方,农村有着广阔的天地可以有所作为。

高中的支教经历,播下了深耕农业经济的种子

与大多数人在大学时才明确自己的专业兴趣不同,韩

运泽与农业经济这个专业产生的渊源，最早要追溯到高中时期。

韩运泽生长于全国优质教育资源的聚集地——北京，初高中更是就读于以培养优秀学生和素质教育闻名的北京四中。对在其中就读了六年的韩运泽来说，四中的素质教育绝不仅仅是停留在设立多种多样的体育活动、培养学生的兴趣爱好的层面，每年还会让高二学生去农村进行义务支教，以丰富学生的实践能力，拓宽学生的视野。

当他跟随学校的大部队来到黄土高原上的一个国家级贫困县时，作为一线城市长大的孩子，他第一次切身感受到了农村的艰苦："那时还没有全面脱贫，那边厕所都是旱厕，也没有洗澡的地方，村子里信号很差，有时候联网都费劲。"

韩运泽支教的农村小学

回想起这段支教的经历，韩运泽感慨良多："表面上是我们教当地的孩子们一些知识，但我也在思考，那为数不多的几天能给他们带来什么样的改变呢？其实我们也起不了多大的作用，但孩子们给我带来的影响是非常大的。"他意识到，开阔眼界并非要去发达繁华的地区。通过农村支教了解基层的情况，了解贫困地区的人们是怎样生活、怎样接受教育的，同样在某种程度上开阔了他的眼界。

从黄土高原回来之后，那里的景象却在他的脑海中挥之不去，他在心中朦朦胧胧种下了一个希望的种子：将来能为国家的这些群体做一些贡献。

与梦想院校失之交臂，在迷茫中找寻内心方向

2017年，作为一名高三学子的韩运泽踏上了高考的战场。在出成绩之前，他和家人一直在了解志愿填报的相关信息，他也因此了解到有农业经济这样一个专业，这个专业既契合他的兴趣，也可以帮助他接近自己的理想。在他看来，中国农业大学的农业经济专业可以满足他心目中的"诗和远方"，可以满足他最初想为农民群体做贡献的愿望，他决心将其列为报考的第一志愿。

但意想不到的是，他的高考成绩不达预期，比中国农业大学的录取分数差了一点。尽管内心失落，但韩运泽头脑十分清醒，如果到不了心仪的大学，至少也要给将来的自己留一条后路。经过查资料，他了解到东华大学的财务管理专业学术成果丰富，课程覆盖面广，同时也有关注区域发展的老师，有可交流的机会，从利于就业的角度考虑，他同时报考了东华大学的财务管理专业，并最终被录取。

入读东华大学后，虽然所学专业与农业经济有所差别，但他会抽空自学农业经济的相关内容。韩运泽的老师了解到他感兴趣的领域后，一直鼓励他去追求自己的理想，并且认可他为其自学的努力，这也让他产生了很大的动力。他计划着："本科就先这样，硕士再想办法转到农业经济方向。"

然而，他在自学的过程中，也有过动摇。"因为身边的同学，有的找到了非常好的实习单位，有的考下了很多证书，就业前景光明。同学们都在本科的专业学习中取得了非常好的成绩，而我这样自学也不知道能产生什么回报，有些迷茫。"他坦然说道，"我曾一度对自己将来能否升读农业经济产生了怀疑，甚至开始考虑未来在大城市找个工作就业算了。"

真正让他完全下定决心、抛弃其他想法的是在网络上看到了"三农"问题专家温铁军老师的讲座。一直以来，韩运泽都保持着利用网络资源自学农业经济知识的习惯，也因此系统性地接触到温铁军老师的很多学术观点，他毫不掩饰对温铁军老师的喜爱："他是一个非常厉害的'三农'学者，而且真的是踏遍了祖国的农村，走过了很多地方，根据实践得出来很多经验，他提出的东西也非常符合实际。"正是因为看了温铁军老师的讲座和很多文章，他受到了莫大的鼓舞，摒弃所有杂念，立志成为一个像温铁军老师一样脚踏实地进行农业经济学研究的人。

创造条件自学农业经济，辛苦却也值得

人生有了目标，便有了前进的方向和动力。在与老师的日常交流中，韩运泽了解到，可以通过出国读书的方式，继续追求自己的梦想。当时他考虑了美国、欧洲和日本的强势院校，但他更想让所学的知识和经验能够真正应用于中国的土地上。"欧美的禀赋条件与中国相差非常大，相对而言，日本和中国接近些。"综合考虑之下，他计划去日本学习农业经济。

与此同时，他也自学了很多经济学方面的知识，一边在线下蹭经济学相关的课程，一边在线上通过各种渠道观看网课，来补充自己的相关知识背景，为申请留学做好充分的准备。

在申请期间还发生了一个小插曲。在与申请院校的导师进行沟通时，他收到了一封来自京都大学导师的邮件，邮件的内容却意味不明，其中写道："我看了你本科的专业，跟我研究室相差较远，你还是需要多多学习。"韩运泽感觉有点摸不着头脑，不知道这是拒绝还是接受。于是他一鼓作气，连续给这位导师发了三封邮件，每隔一个星期发一封，在信中言辞恳切地表达他想学习这个方向的强烈意愿。

春天的时候，京都大学校园里樱花盛开

但这位导师却迟迟没有回复，那时韩运泽为了等一个确定的消息等得"都魔怔了"，手机一振动就要查看是不是邮箱的消息。最终，付出的努力有了收获，过了将近一个月，他终于在手机邮箱中刷新到了导师的回复邮件，确认他可以去京都大学就读。他简直不敢相信自己的眼睛，甚至高兴到在楼道里欢呼："终于能去京都大学了！"

初到京都，学业任务繁重

2022年4月，韩运泽到达日本，先进行了半年研究生阶段的学习，于10月份正式开始修士课程。

他所攻读的专业方向为生物资源经济学，隶属于京都大学农学研究科。尽管在国内自学了足够的农业经济知识，但来到京都大学他才发现，国内的农业经济专业与日本的生物资源经济学区别还是挺大的。韩运泽介绍道："农业经济就是以经济学的方法去研究农村，在国内往往隶属于经济管理学院,而京都大学的生物资源经济学涉及的范围比较广,除了农业经济学的范畴以外,也包括农业社会学、环境经济学等各个方面。"

除了学习内容有差别,令他印象最为深刻的是授课方式的不同。在京都大学,大部分课程的学生人数很少,韩运泽所在的生物资源经济学专业一门课最多只有10个人,这意味着老师和学生在课堂上有充足的机会充分交流。"有时候老师会一边讲一边和我们讨论,有时候也会用一整节课的时间让我们来展示。"对于韩运泽来说,展示的准备过程是痛苦的,因为要面向同为研究生的同学提出有建设性的观点,不仅需要阅读大量的资料,还要理解内容并且能够讲清楚,但准备时间往往只有一周,他为了完成老师布置的展示任务,"基本上是不睡觉的"。虽然非常辛苦,但于他而言,那确实是非常难忘的一段经历,无论是对于文献钻研能力还是知识储备,都有很大提升,独立完成后也相当有成就感。

利用空闲时间,韩运泽也发展了一些爱好,他常常去学校周边爬山、骑车,他自豪地说:"京都周围的山我几乎爬了个遍,还曾经绕着附近著名的琵琶湖骑了好几圈。"相比于很多人向往大城市的繁华,他觉得自己待在京都这样安静、自然、质朴的地方会更加安心。

位于京都附近滋贺县的琵琶湖风光

沉心科研，勇攀学术高峰

京都大学在日本被誉为"科学家的摇篮"，以学术严谨和学风自由而闻名世界。远离熙熙攘攘的都市，沉浸在京都大学学习的这一年，韩运泽收获良多。这里不仅提供了让他近距离地接触学习朝思暮想的农业经济知识的机会，同时也潜移默化地影响着他的心态。他坦然表示："京都大学的老师即便是坐到了很高的职位，也会专注于一线的科研，京都大学的氛围也是如此，我在这种氛围的感染下心态也没有那么浮躁了，分析问题也会更加踏实和细致。"

此外，由于京都与农业发达的滋贺县为邻，因此韩运泽和他的同学有机会到滋贺县的农村一线进行调研，与当地农业生产者聊天，从闲聊中更加深刻地了解所研究的题目，也更贴近农民这个群体，深入了解农民的所需所求。

韩运泽留学时的住所，向窗外望去，城市恬静而自然

接下来，他的研究生课程只剩下一年的时间，他也早早计划好了毕业后的打算——继续读博，将来尽可能进入高校，他仍然期盼着成为像温铁军老师一样的学者。他认为，在中国，北京和上海这种现代化大都市只占了国土的很小一部分，大部分地区是郊区和农村。而农民是中国发展不可或缺的力量，却也是享受发展红利最小的群体。现在，他也怀着一个更宏大的理想抱负：希望未来可以通过所学，帮助中国农民过上更好的生活，帮助农村实现更好的发展。

回首过去，他觉得自己的学业成长道路总体是比较顺利的，在理想的指引下，通过留学改变了人生的发展方向，而高中时就播撒下的希望的种子不仅生根发芽，更一天天长大。

孙晴

两度留学步履不停，努力探寻农业生产和绿色发展的平衡联系

本科学习会计，一硕学习全球事务，二硕又转到了农业经济学，孙晴在求学的道路上不断踏出自己的舒适区，探索着内心真正的研究兴趣。她说："留学最大的收获是让我变得更加开朗外向，更加乐于表达自己的观点，思考问题也会具有批判性、更加全面。"

勇于挑战自我，想去见识更大的世界

在本科期间，孙晴一直保持着优秀的学习成绩，对出国留学没有强烈的愿望。即便当时学校有提供关于本科生

公派留学交流的机会，她也没有想到要报名申请。不过，她的室友倒是积极地报名参加了这个项目，最终如愿去了法国的一所学校学习商科。

孙晴对于留学态度的转变是发生在室友交换归来之后。一个假期的交流学习，让她的室友体验到了与国内截然不同的上课方式，例如课堂的互动性很强，作业形式也不仅限于报告和考试，会涉及做动画、做模型等。当室友将这些新奇的体验一点点传达给孙晴时，她出国去看看的想法逐渐被激发了，她也想亲自去感受其他国家的生活方式和多样化的学习模式。当时的她"性格非常内向，也不太敢说话"，然而内心却隐隐渴望着有个机会能改变现状。她期待着能通过留学这个契机，让自己更加独立。

大三，对于大部分本科学生来说可以看作一个转折点，通常都需要明晰自己未来的发展规划，决定是继续深造还是选择就业。孙晴也不例外，在周围的同学基本都决定保研或考研的情况下，她开始准备出国读研的各项事宜，提前规划选课使自己有充足的时间备考 IELTS 和 GMAT。

在提交海外院校申请时，孙晴大多选择了与本科相同的会计学专业，希望能在此领域继续深耕，另外也申请了一些不限背景的人文社科类专业，其中就包括伦敦大学国王学院的全球事务专业。在孙晴看来，这个专业聚焦于金砖五国的发展研究，涉及中国问题和国际局势的探讨，作为中国学生，她本就对此充满好奇和兴趣；而且理科生出身的她，深感自己过去的学习生涯中很少能够接触到这种可以开阔视野的课程。于是在同时拿到会计学专业 offer 和全球事务专业 offer 的情况下，她毫不犹豫地抓住了伦敦大学国王学院递来的"橄榄枝"，于 2021 年 9 月开始新的求学旅程。

绿色发展理念的启蒙

全球事务是伦敦大学国王学院于 2020 年新开设的一个专业，旨在使学生对非西方国家/地区和新兴大国的政治、社会、经济和历史有更深入的了解，培养和开阔学生真正的全球视野。它是一个一年制的授课型硕士项目，意味着学生要用一年的时间完成从入学到毕业整个流程，时间非常紧张，课程内容也包罗万象，"既讨论经济问题，也讨论人权问题，还讨论性别问题，是一个非常综合的专业"。

对于从高中起就对历史、政治知识接触不多的孙晴来说，课程强度和难度显然充满了挑战。每门课都有 lecture（讲座）和 seminar（讨论）两种形式，令她压力最大的是讨论课："每堂课可能只有 4 个或 8 个学生，人数非常少，肯定会轮到自己发言，有时老师也会点你来发言。"为了让自己在讨论课上"有话可说"，她必须每周阅读完成老师给定的材料，有时仅一门课的阅读材料就多达八九十页，还需要自己主动看一些历史或政治书，以弥补这方面的知识缺口，尽可能跟得上课程节奏。

2021 年的下半年，疫情的影响还在持续，开学后孙晴在家上了一段时间的网课。但她却觉得完全没有影响到自己的学习效率，甚至可以说，线上模式拯救了"社恐"的她，对着屏幕说话缓解了她不少紧张情绪，也促使着她一步步去适应这个输出讨论的过程。

伦敦大学国王学院图书馆

而在课外，伦敦大学国王学院还提供多种多样的课程形式和丰富的讲座资源，这些都在潜移默化中培养着她的国际化视野。其中，令她印象比较深刻的一门课程叫作"俄罗斯与欧盟"，上这门课的时候恰好赶上"俄乌冲突"，而这个班级既里有来自乌克兰的同学，也有来自俄罗斯等国家的同学，这门课的老师还是俄裔美国人。不同的语言文化背景也造就了不同的思维方式和看待问题的方式，于是孙晴在课堂上听到了来自各方的不同观点的碰撞，这无疑是一次新奇、有趣的体验。在这个过程中，她也深刻体会到，在面对这么多不同观点时，保持自己的观点是很重要的，这需要广泛的积累阅读，找到充足的理论和论据支撑自己，才不会在讨论中随波逐流。

2020年9月，中国提出了"碳达峰""碳中和"的双碳目标，"双碳"政策发展得如火如荼，孙晴对此也产生了不小的兴趣。来到英国学习之后，由于英国曾在2021年11月举办了第26届联合国气候变化大会，伦敦大学国王学院也举办了相关的活动，会经常邀请相关的专家、教授来做讲座，或举办相关的摄影展。通过这些专家教授详细的讲解，孙晴才逐渐了解到，绿色经济发展是国内和国际都非常关注的话题，实现绿色发展需要各学科的共同努力。

随着对这一领域的深入探索，孙晴对此产生了更多兴趣，也进一步启发了她的毕业论文选题。原本，她的研究方向是对外投资，但了解了对外投资的过程机理和相关的环保政策后，她突然发现对外投资可能会对碳排放有所影响，于是在和导师沟通后，她决定研究对外投资与碳排放之间的关系，毕业时这份论文获得了一份亮眼的distinction（优秀）成绩。

在学术严谨、学风自由的京都大学，汲取农业经济学知识

在英国读书时，孙晴接触了与当今社会有关的各类话题，她发现无论是发展中国家还是发达国家，无论是过去还是现在，均离不开对农业话题的讨论。"农业，民之本嘛，不管在什么年代，或者在未来，永远都是一个要保证的东西。"这也是她选择农业方向研究的原因，带着从伦敦大学国王学院

启发的兴趣，她来到了京都大学继续攻读二硕，继续走绿色生产力研究这条道路。

孙晴所攻读的生物资源经济学隶属京都大学农学研究科，类似于国内的农业经济学，日文名字叫作"生物资源经济专攻"。谈及这一个学期来的感受，她笑称"好像又转了一个专业"。在课堂上，她会高频率地接触到微观经济的分析和一些基本的数理推导，而这些都是本科和一硕时期很少学到的，她仿佛又回到了在英国的第一学期，一切要从基础知识开始补起。

为了提高效率，她直接从中国转运过来一些中英文的教材，通过大量看书来补习自己薄弱的知识点。一个学期下来，孙晴对农业经济方面的认识更深厚了，她了解到农业经济的研究主体通常是农户、合作社或者地区，会更加注重生产资源的分配以及产出的效率。相较于她以往研究的企业和国家，农业经济的相关研究切口更细微，她所进行的研究也从一个国家的政策缩小到某个地区农民生产的决策，相应的思维方式也需发生转变。

京都大学主楼

相比于繁华热闹、人头攒动的东京，京都安静、质朴得仿佛不像一座现代化的城市。四周层叠的山峦，大街上随处走动的老爷爷、老奶奶，都给孙晴一种安逸、踏实的感觉。而京都大学的学术气息也堪称严谨认真，给孙晴留下了非常深刻的印象。她感慨道："我的导师60多岁了，他现在是教授，每天都会在研究室做研究，每年都要发文章。不只是我的导师，其他老师也都会天天在学校打卡，对学生的研究成果甚至会逐字看、逐字改。他们真的非常敬业、非常用功，有时候我都感觉自愧不如。"

与严谨的学术氛围相反的是，京都大学又是那么地开放和自由，包容性也非常强。在课堂上，学生可以提出跟老师截然不同的观点和看法，这些观点或许简单，或许不够成熟，抑或是论据不足以说服老师，但老师仍然鼓励学生们进行自由的表达。孙晴还补充道："如果学生的规划就是毕业以后要工作，并且自己能够学好所学内容，学生甚至可以使用课堂的时间进行实习，甚至是参加社团活动。"

体验京都魅力，希望未来回国发展

在课余时间，孙晴会和同学相约去周边爬山。京都山地资源丰富，不少本地人都将爬山作为一种娱乐活动。京都的山都是土山，上山的路都是当地人或者游人一步一个脚印踩出来的，这种自然、原始的感觉令孙晴心旷神怡。

关于研究生期间的规划，首先孙晴会按老师的要求把毕业论文完成。目前她已经将研究方向确定为农业领域的绿色全要素生产率："中国现在也在提倡高质量发展，考虑到中国的农业沼气以及畜牧业的碳排放也占了很重要的一部分，我想研究在农业领域投入相对较少的前提下，如何产出更多且污染更少。"这不仅符合她的研究兴趣，也契合当今中国的"双碳"目标。

其次，她会尽量丰富自己的实习经验，以备未来求职所需。此外，她还想自学一些用于生活交流的日语，因为京都的英语普及率比较低，在"出了学校几乎没有人会说英语"的环境下，出行还是会有诸多不便。

孙晴会经常出门，感受京都安静质朴的生活环境

作为农业大国，中国一直以来都将农业置于其决策目标体系中的重要地位。而实现乡村振兴、解决"三农"问题，推进农业高质量发展，农业相关学科的建设与孙晴这类人才的培养发展必将备受重视。毕业之后，孙晴也更想要回国发展，因为她在国内一直上到本科毕业，觉得自己受中国文化和思维方式的影响更深刻一些。即便是考虑到职业的发展，她也认为："无论是做研究还是工作，研究的中国问题还是要回到中国去实践。"

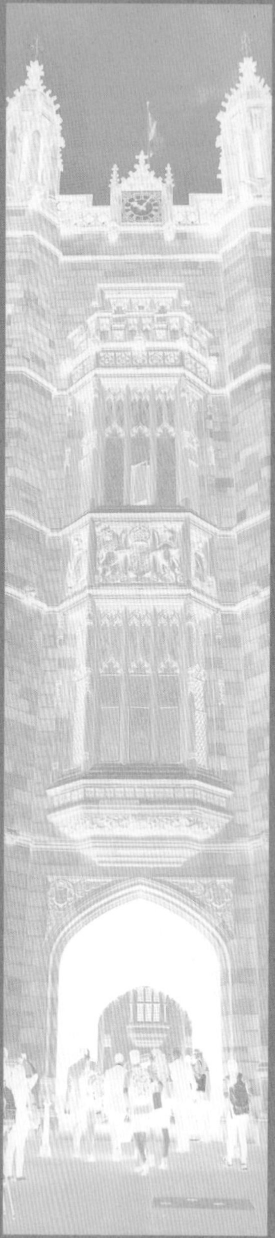

BEYOND OVERSEAS STUDYING

5

走进高校：
创新人才培育摇篮

聂乔丹

感受英式教育的魅力，投身教育事业联结中外

从教育专业学生到教育工作者，聂乔丹一直以来秉持着一颗自主学习和不断进步的心，她以自身的经历深刻地向我们诠释了如何将国际教育贯穿始终。

纸上得来终觉浅，绝知此事要躬行

2008年，彼时，还是一名音乐特长生的聂乔丹在激烈的竞争下，与国内顶尖的音乐院校失之交臂。不甘心的她在家人朋友的鼓励下，决心转向申请香港浸会大学，去探寻不一样的学业发展道路。由于当时年纪较小、阅历尚浅，对高校专业的认知还不甚明确，所以她听取了母亲的建议，选择了英语教育专业。"和很多中国家长一样，我的母亲也认为女孩子以后应该当老师，老师是一个非常不错的职业。"聂乔丹解释道，"不过就目前来看，我也很庆幸当时所做的专业选择，正是英语教育专业给予了我走向教育道路的机会，直至今日我都在从事着和教育相关的工作。"

还记得在香港浸会大学就读的那段时间里，长期接受国内传统教育的聂乔丹第一次接触到了不同的培养模式。她发现，在香港地区的高校，无论是老师的教学课件抑或是教学语言，都是全英文。而在教学形式上，则多以小组讨论、课堂展示，以及学生和导师一对一沟通为主。"渐渐地，我理解到这样更有助于培养我们独立自主的学习习惯，如果在课后存在疑问难以解决时，可以再进一步和导师联系交流。当然，你不仅可以和老师谈论专业课程上的知识点，也能畅谈在日常生活中面临的困难，以及升学和未来发展的困惑等。"聂乔丹补充道。

此外，香港浸会大学也十分重视学生社会工作经验的积累，让学生通过参与社区项目、公益活动、实习等方式，接触到真实的社会问题和需要解决的困难。"几乎每一位同学都需要承担一些社会性工作，例如，我是学英语教育专业的，所以我会去给当地的渔民，或者是社区里生活条件不是很好的孩子补习英文课。"这段社工经历持续了大约一年半的时间，基本上保持着每个月2—3次去社区的频率。

"这段宝贵的经验让我逐渐跳出书本上冰冷的文字，更加真切地感悟到了教育的存在对于社会公平以及社会弱势群体的重要性，令我获益匪浅。"聂乔丹说。于是，为了进一步在专业领域拓宽自己的视野，她在大三、大四期间主动选修了两门课程，分别是亚洲哲学和社会学基础理论。

"这两门选修课对于我后续的学业深造有着转折点式的影响，它们进一步深化了我对教育学的认知，我愈加清晰地发现教育学再往上走，其实就是社会学。简单地说，教育学就是社会学的一个分支。"

聂乔丹老师与管弦乐团 Dr. Sara 在音乐会后的合影

成功从来不是因为幸运，而是因为自我历练的沉淀以及榜样的力量

尽力做好每一件事，才能让自己的努力引起质的变化。在大学四年的匆匆时光里，自律且高效的聂乔丹在积累了丰富的社会实践经历的同时，也保持着优异的学业成绩，她还在为数不多的空闲时间里，在学校管弦乐团承担了中提琴首席的工作，这些都为聂乔丹的毕业画上了圆满的句号，一份沉甸甸的荣誉学士学位（Honours Degree）可谓是实至名归。

"人生就在于步履不停地学习与尝试。"聂乔丹说，"所以毕业前夕我也没有让自己闲下来，而是开始准备研究生申请。"

原本，她有着继续留在中国香港读研的计划，但在毕业论文指导老师 Henry 的影响下，聂乔丹毅然决然改变了想法，决定尝试申请英国华威大学。

"Henry 老师本硕都就读于华威大学，而后又前往牛津大学获得了第二个硕士学位以及博士学位。敬于才华，信于学术，在我的心里，Henry 老师一直都是模范一样屹立着的存在，我也在不断追随着他的脚步。"

榜样的力量总是无声无息，但又能穿透人的心扉，激发着聂乔丹向上的热情。2012 年，聂乔丹收获了华威大学童年研究方向的硕士录取通知书，踏上了飞往英国的航班。

"英语教育专业偏向纯教育，基于老师对我的规划和建议，以及我对社会学知识日渐增加的兴趣，我选择了包含了社会学理论研究的童年研究领域，更进一步去感悟如何引导和教育学生成为他们认为的正确的人。"

谈及后来在华威大学读研期间印象最为深刻的事，聂乔丹表示："虽然已离开学校 10 年，但还清晰地记得当时的学业压力是非常大的。"为了使自己的论文尽善尽美，她时常会在图书馆待到凌晨一两点钟，在沉沉夜色中搭上往返于图书馆和宿舍的校车，结束自己充实的一天。浸润在社会学专业中，聂乔丹不仅拓展了知识，还加深了思想。"我现在还是会有一个每天听新闻或者看外国杂志的习惯。通过多听、多看，接收不同视角下的信息，培养客观、辩证的思维模式。"

聂乔丹参加华威大学硕士毕业典礼

搭建国内外学术交流的桥梁

现如今，回国后的聂乔丹任职于北京工业大学，她遵循了自己的初心，从事着教育行业的工作。

同当初选择专业时的想法一样，她并没有局限于课堂上教书育人，还致力于联结国内外学术沟通和交流的工作，在讲台之外，为学生传道授业解惑。2016年聂乔丹老师在北京工业大学和爱尔兰都柏林国立大学合作办学的国际交流学院工作，负责对接外籍老师来华工作，以及相关的外事交流。2018年至今在北京工业大学信息学部重点负责来华留学生招收、院系学生出国留学交换、国际会议等外事工作，业务范围进一步扩大。

从事中外学术交流一线工作，聂乔丹老师在帮助学生的同时，也收获了属于自己的成就感和价值感。"工作后让我印象深刻的事有很多。像是国外来华留学生很多都来自非洲家庭，他们或多或少在经济上、学习上都存在着困难，对于此类情况学校信息学部会给予他们更有针对性的关怀。尤其是妇女地位较低的一些国家的留学生，在鼓励和帮助她们一步步实现自己的科研理想后，学生的内心是非常感激的，于我则非常欣慰。"

此外，对于我们中国的学生，在看到他们自信满满地走出国门去探索更大的世界，而后回国从事着博士或更高层次的学习和工作，聂乔丹老师也为他们深感骄傲。"身为一名留学生前辈加之我的本职工作，我很建议我的学生们拥有出国留学的经历。"她说。

近年来，国际化人才更为国家所需，成为一名真正的国际化人才则需要通晓国际规则，拥有国际化视野。"所谓通晓规则，一是要尊重当地的法律法规，了解当地民众的认知与习俗；国际化视野意味着要以更为宽广的心胸去看待这个世界，无论身处何地都要不断地探索、探寻和接纳。"聂乔丹老师补充解释道，"国际化的人才不仅仅是出国读书这么简单的一件事，也要融入进去，同时我们也要牢记回报祖国，做到学以致用。"

聂乔丹老师在北京工业大学通州校区为 2023 级本科生做报告

前进的脚步永不停歇

中国著名科学家、社会活动家高士其说过：对世界上的一切学问与知识的掌握也并非难事，只要持之以恒地学习，努力掌握规律，达到熟悉的境地，就能融会贯通，运用自如了。

如今，聂乔丹老师"晋级"为一名新手妈妈，俨然已经实现了事业家庭双丰收，但多年来养成的自主学习习惯依旧促使她不断地提升自我。采访时，聂老师所撰写的文章"Multidimensional thinking on educational equity of national college entrance examination in China"（《关于高考教育公平的多维思考》）得到国际会议的录用。"我认为有了一份相对稳定的工作并不意味着就可以停下脚步、止步不前，作为妈妈，我更应该不断地去学习，提升自己，以身作则激励我的孩子。无论我是 30 岁还是五六十岁，甚至年纪更长，都要有一颗对学习保持高度热爱的心。"

走进高校：创新人才培育摇篮

聂乔丹老师与孩子一同乘船游玩

  在她看来，学习是一种态度，而不是一种习惯。她留学时在中国香港和英国的地铁上所见到的景象是，低头沉溺于手机的人很少，相反，随处可见的是一本本的纸质图书。"要把接受新知识当作一件有趣的事情，少一些功利。"在和聂乔丹老师交流的过程中，她也提到了近年来网上针对"留学生归国薪资和投入不成正比"的话题，"有些成长与经历是不能单纯用金钱去衡量的。你开阔的视野以及对他国文化的亲身体验，这些隐形的回报是看不到的。"她说。

  未来，她计划能找到海外升读博士的机会，"有机会我想和孩子一起在异国他乡，一同感受国际教育的魅力。"聂乔丹老师笑着说。

赵宝永

扎进来华留学教育事业，行走在中国与世界沟通的桥梁上

2018 年，赵宝永正式进入北京科技大学国际学生中心任职。虽然他之前也从事过教学以及学生管理的相关工作，与学生群体接触良多，但与国际学生进行紧密交流尚属首次。面对新工作、新领域，赵宝永感到压力倍增，但压力有时也能成为生命的张力。这 5 年来，他兢兢业业、孜孜不倦，在来华留学教育事业上前行深耕。

2020 年，习近平总书记给北京科技大学全体巴基斯坦留学生回信，勉励他们多了解中国，多向世界讲讲他们所看到的中国。这一封回信不仅让北京科技大学师生倍感振奋，也让赵宝永感到自豪："那一刻深感责任重大，使命光荣！"

自新中国成立以来,来华留学就成了我国与世界沟通的桥梁。经历了70多年的发展,来华留学教育也成为我国新时代教育对外开放工作的重要一环,同时也是高等教育国际化发展的重要组成部分。作为这一事业的践行者,赵宝永聚焦了一个个鲜活而真实的个体,并与他们一起展望着中国与世界共同的未来。

薪火相传,投身教育事业

成为大学老师,对于赵宝永来说完全是一件顺理成章的事情,在经历了大学本科和硕士研究生阶段的学习之后,带着对更深层次学术知识的渴望,2004年,他开始在北京科技大学控制理论与控制工程专业攻读博士学位,从事带钢热连轧领域的研究工作。谈及读博的原因,赵老师认为是一种追求。"其实当时攻读博士的想法比较朴素、简单,就是想通过继续学习,不断丰富自己的知识体系、拓宽知识边界,在充实自身的同时更好体现自己的价值,是我自己对知识的一种向往吧。"

北京科技大学是新中国第一所钢铁院校,为培养专门冶金人才、服务新中国工业发展而成立。赵宝永的研究方向就与钢铁冶金有关,在这个首批进入国家"211工程"和"985工程"优势学科创新平台建设的高校中,他接触到了钢铁领域里一流的专家学者,也触摸到了前沿理论知识。

可能对于很多人来说,做学术科研是再枯燥不过的一件事,但对于当时还是博士研究生的赵宝永来说,却是一个非常有意思的过程。赵宝永的博导是钢铁领域里知名的专家学者,这位导师的言传身教给了他很大的启迪,也为他的事业发展指明了方向。"我本硕学的都是自动化,与博士方向可以说是一脉相承的。我个人对于科研工作是比较感兴趣,所以就一直坚持下来了。后来选择留校任教也是在导师的指引下,希望能在教书育人的同时,为钢铁行业的技术发展继续贡献力量。"

百年大计,教育为本;教育大计,教师为本。教师不仅承担着教书育人的职责,还承担着传播知识、传播思想、传播真理的历史使命,肩负着塑造灵魂、塑造生命、塑造人的时代重任。虽然教师工作很多时候并不像奥运选手那样可以直接站在台前，为国争光，但在赵宝永眼里，"能通过自己勤勤恳恳、默默无闻的工作，为国家培养出更多的人才，我觉得这也是一种人生幸事"。

从业十余年，赵宝永始终保持着平和、谦逊的为人风格。在与学生的相处过程当中，也始终亲切，有求必应。"如果学生有什么疑问或者想要交流，不论是学业上的还是生活上的，他们都可以直接敲门来找我，我都非常欢迎。"赵宝永笑着说。

携手同心，与国际学生一路同行

从一线教师岗位到做幕后管理工作，赵宝永并没有感觉到特别棘手，"可能是因为之前也有做过类似的学生管理工作"。但踏足新的环境，还是有一个适应的过程。国际学生中心工作最大的难处大概在于需要在较短的时间内了解大量国家以及学校的政策，包括各类与国际交流相关的制度。

来华留学工作是国家战略的重要组成部分。新中国成立伊始，与海外国家高校进行学生交换、文化交流的互通互鉴就已经开始了。随着时代的不断推进，我国综合实力和国际地位的不断提升，截至目前，我国已经与近200个建交国开展了教育合作与交流，与50多个国家和地区签署了学历学位互认协议。

在接手国际学生管理工作之前，赵宝永并没有机会全面地去了解海外国家及学校在教育交流实践方面的管理情况和政策。"我之前没有留学深造，觉得那是件可有可无的事。"但此次与来华留学工作的"亲密接触"，让他清晰地认识到这份工作责任重大，意义非凡。

对于大部分国际学生来说，由于文化背景、宗教背景以及个人经历的不同，他们对中国的理解也截然不同，对当今中国的了解较为零散、肤浅、片面，有些认识甚至是存在偏差和错漏的。"当这些国际青年来到中国留学时，他们能够亲身观察和体会中国的真实国情和发展状况，也能用亲身经历来向世界更好地讲好中国的故事。"

赵宝永在北京科技大学承办的感知中国——"鼎"力科技国际学生智能制造学术论坛致辞

从事来华留学教育工作，虽然并不是赵宝永进入高校工作时的初衷，但这份工作却给他带来了此前从未体会过的欣慰与触动。

2020年的春节，突如其来的疫情打乱了所有人的生活。在疫情发展之初，北京科技大学就意识到国际学生大量留校可能带来的严峻防控形势，因此早早启动了应急响应，实行了国际学生公寓严禁任何访客进入，要求住宿学生不串宿舍、不聚集，无人住宿房间实施封门管理等一系列防控措施。

赵宝永和他的同事们也在春节期间坚守在学校。他们分工协作，克服时差，每天点对点核实来自105个国家800多名国际学生的健康状况和实时动态。同时也对仍然暂时留在中国的国际学生提供抗疫物资、心理咨询服务等，帮助他们度过这一特殊的艰难时期。不少国际学生在看到了学校疫情防控工作成效和人文关怀后，决定改变回家的计划，留下来参与到防疫工作当中，与北京科技大学师生一起抗疫，共同筑牢国际学生疫情防控的坚固防线。"当时我更多的感受是这些国际学生也是一群非常可爱的人，能感受到他们对中国的这种热爱。"赵宝永感慨道,"这也让我觉得,来华留学工作不仅是对我,对我们学校,更是对国家的教育对外开放工作具有非常重要的意义。"

忆昔抚今,行走在中国与世界沟通的桥梁上

自 1952 年建校以来,北京科技大学共接收并培养了来自 171 个国家和地区的 1 万多名优秀的国际学生。他们有着不同的肤色、母语及文化前景,而在与世界各国学生交流沟通的过程中,赵宝永深知,只有在中国的课堂上搭建起中外学生交流的平台,才能让国际学生更加深入中国社会,了解真实的中国。

从 2018 年起,北京科技大学每年都会组织国际学生赴甘肃秦安县参加融合青年交流、学术研讨和文化体验等为一体的社会实践。甘肃秦安县是北京科技大学对口帮扶地区,国际学生在这里深刻了解了"中国扶贫智慧",亲身感受了人类减贫史上的"中国奇迹"。也是在这个过程中,来自泰国的国际学生白娜看到了这座小城在乡村振兴过程中真实的理想、期盼和奋斗历程。她深受鼓舞,希望也能参与到这座小城的发展当中。回校后,她与一些热爱中国、热心公益的国际学生小伙伴组建起爱心公益团队,在秦安县的两所中学里设立图书角,捐赠了近 200 本世界文化主题图书,帮助这里的孩子们开窗看世界。她还将她的所见所闻制作成 Vlog 视频,并表示要将自己亲眼看到的中国扶贫智慧带回家乡,去帮助更多的人。

人类的进步与发展离不开国与国之间的交流,离不开文明与文明之间的互通互鉴。而国际学生就像一根根轻盈的丝线,在中国与世界之间编织起一座名为"友谊"的桥梁。赵宝永是维系这座桥梁的工程师,也是行走在桥上的旅者。他着眼于细微,关怀着每一位国际学生的学习与生活,帮助国际学生立足于真实的中国与世界,眺望着人类共同的未来。赵宝永在采访的最后说道:"让更多国际青年成为友谊的使者,在中国学习的同时感受中国、了解中国,向世界讲好新时代中国故事。这是我们的责任。"

胡萌

受益于澳大利亚留学，用国际化理念引领国内外学生

在高校工作多年后，胡萌老师回望自己过往的人生经历，她坦诚地表示，如果再让自己重来一次，她还是会毫不犹豫地选择出国留学，因为留学对她的生活、工作、个人能力等方面的提升都有着积极的作用。她也非常鼓励有留学想法的学生将留学放到学业规划乃至人生规划中整体考虑，尽早实现自己的留学梦想。

在时代的浪潮中，留学的种子生根发芽

作为广大"80后"中的一员，胡萌成长于中国逐步对外开放、经济飞速发展的时期。在周围从事外语外贸行业亲友的影响下，胡萌老师从小学三年级就开始学习英语，由于比同龄的孩子更早接触英语，相对较好的英语基础为她之后出国留学奠定了基础。

随着2001年中国加入世贸组织（WTO），对外开放进入新的发展阶段，当时正在江苏省中部的一所重点高中读书的胡萌也通过电视新闻了解到，教育国际化的氛围越来越浓。在她高中时期，每年就已经有澳大利亚的外教老师来为这所高中的学生上外语课，国外的艺术团体进行校园演出的活动并不鲜见，高考在同龄人眼中也不再是唯一的升学途径。胡萌老师回忆道："当时有的同学被选拔赴新加坡留学，有的在高考之后赴美国、英国读本科，有的报考了国内的中外合作办学项目。"

时代浪潮奔涌，胡萌老师身处其中，小时候种下的留学梦也不知不觉萌芽，在被南京财经大学录取后，她决定从大一开始，积极为出国读研做准备。

历史的机缘，促成澳大利亚求学

为了顺利申请留学，在本科期间，胡萌不仅在学习中力争上游，还在大二暑假报名了雅思的暑期课程。辅导班会集了来自南京各大高校的学子，大家都怀揣着对外部世界的好奇心，聚在一起学习，互相鼓励，畅聊人生规划。在这以前，胡萌常常会遗憾，认为本科院校的国际化学习氛围没有像高中那么充足，但在新东方雅思强化班里，她找到了一群和她志同道合的人，班里那种充满希望和活力的氛围令她过得非常充实。

在学习雅思期间，她还见到了新东方的俞敏洪老师，有机会聆听他的讲座，与他共同交流学习心得。这些经历于胡萌而言，都是珍贵有趣的回忆。除此之外，她对南京新东方发放给学员的《新东方精神》一书印象深刻。因

为当时网络远没有现在发达，学习资料非常有限，因此她几乎一有时间就翻看这本"绿皮书"，以至于如今她还记得封面上激励她的一句话："绝望中寻找希望，人生终将辉煌。"正是在这种氛围的鼓舞下，每周除了上课，胡萌还额外投入 20 个小时来学习雅思，最终她顺利地通过了雅思考试。

最初，胡萌计划去美国留学，但是由于当时特殊的历史因素——2001 年的"9·11"事件，对于赴美留学造成了不小的影响。从第二年起（此时胡萌还在上大一），赴美留学生签证便已经开始缩减。在偶然的历史事件的影响面前，个人的力量是微不足道的，她担心去美国留学可能会因为签证导致学业中断，于是临时决定调整自己的留学国家。

高中时，胡萌就读的江苏省泰州中学与澳大利亚特拉蕾根中学建立了合作关系，来自澳大利亚的玛格丽特老师一家在泰州中学授课和生活，给还是高中生的胡萌留下非常深刻的印象。恰好在当时，她在电视上看到一档叫作《世界名校巡礼》的节目，其中悉尼大学的整体环境和氛围很是吸引她。凭借优异的学习成绩和雅思成绩，她成功申请到悉尼大学的硕士研究生，延续本科的商科专业，攻读国际商务专业。

国际化氛围浓厚的悉尼大学，课程设置弹性

悉尼大学建校历史悠久，是澳大利亚乃至整个南半球的第一所大学，校园内遍布古老而美丽的历史建筑。初到澳大利亚的胡萌，也不免被南半球迥异的风土人情深深吸引，当然她最喜欢的还是校园内多元、丰富的文化氛围。除了本国的学生，来自中国、马来西亚，周围岛国的同学也比较多。胡萌介绍道："授课老师背景也非常丰富，并不是来自单一的国家，上课的时候他们也都会有各自的口音。在这种多元化的课堂上，每个人都可以发出不同的声音。"沉浸在自由、多元、包容的学术氛围中，她觉得这里的一切都是那么舒心和踏实。

2006 年初到澳大利亚悉尼留学的胡萌在悉尼海港大桥

在学业方面，悉尼大学为各专业的学生提供了灵活的课程设置。胡萌入学后，就收到一个指导性的选课计划，分为必修模块和选修模块，其中选修模块的课程较为多样化，学生可以根据自己感兴趣的方向选择。"更有趣的是，不同商科专业的课程有交叉，你可以选其他专业的课程，在申请学位的时候如果你同时满足 2 个专业的要求，就可以获得 2 个学位。"

而且，悉尼大学的课程没有遇到因选课人数不足被停开的情况，既有 100 多人的大课，也有几个人的小课，每位学生个性化的学习需求都可以得到很好的满足，同一门课也会有多个时间段供选择，这样学生能够自由选择喜欢的老师和方便上课的时间。对于像胡萌这样有兼职的学生来说，可以根据自己的时间制定合适的课表，非常便利。

尽管胡萌就读的是授课型硕士，但悉尼大学对学生的要求可谓相当严苛。国内院校对没有通过期末考试的学生，一般会提供一次免费的补考机会，而在悉尼大学，学生期末考试的机会只有一次，学生没有考过只能花费一笔不菲的费用重修。谈到在悉尼大学的学习经历，令她自豪的是，她通过了以"挂科率高"而闻名的会计学（Accounting）课程，据说这门课程的通过率不到50%。至于这门课为什么如此之难，胡萌解释道："老师讲课的时候其实讲得非常清晰，每堂课的要点也给我们梳理出来了，我们需要做的就是课后不断练习，因为会计是一门考验操作的学科，没有大量的练习，做题的时候还是不会做。"而她能够通过这门课的原因在于，她把教材跟老师的授课做了紧密的结合，并且课后进行了大量练习。胡萌表示："悉尼大学并没有因为国际学生的涌入，在教学质量上有任何放松，我们每门课都要全力以赴才能够拿到基本通过的一个分数，如果想要获得更高的分数，就要在课业中投入更多的时间和精力。"

2008年完成学业即将回国的胡萌在悉尼海德公园

学成归国，耕耘在来华留学生教育管理一线

回国对于胡萌来说，就像出国留学一样，很早就列入了她的人生规划之中。2008年毕业后，她首先在南京一家咨询公司实习，同时也在寻觅更加合适的工作机会。

恰逢南京信息工程大学为了招收国外的留学生来到中国学习，在2008年年初建立了国际教育学院，学院当时正在招揽社会人才。胡萌把握住了这个机会，凭借留学经历、跨文化交流能力在100多位候选人中脱颖而出，成功入职。从2008年6月至2018年的3月，她在国际教育学院担任国际班的班主任，并从事留学生招生和教学管理的工作，近10年的时间她在岗位上辛勤耕耘、兢兢业业。

从事留学生教育管理工作时期的胡萌

10年来，胡萌老师不仅接触到来自世界各地的留学生，自己也数次前往印度尼西亚、巴基斯坦、哈萨克斯坦、孟加拉国、坦桑尼亚等国家开展招生宣传。之前的留学经历和在悉尼大学学过的一门名为跨文化管理（Gross-Cultural Management）的课程让她掌握了跨文化交流的理论基础，也让她更快适应与不同文化背景的人打交道。她在工作中逐渐游刃有余，自身也蜕变得更加成熟。

胡萌老师感慨道："对于留学工作来说，我们可能更熟悉的是把学生往外送，但是怎么把外国学生招进来并把他们教育管理好，在当时应该算是摸着石头过河。"去国外进行招生工作时也会有许多意外情况发生。在一次孟加拉国首都达卡招生宣传过程中，在她跟一位家长做面对面交流时，短短半个小时的时间里就遭遇了两三次停电。她没有慌张，反而带头打趣了一下，缓和气氛："没有关系，没有灯看不到材料的话，我可以直接跟你们讲。"那次工作任务让她基本上"摸着黑"完成了招生宣传。令她万分惊喜的是，最后招到的两个学生，其中一位就是停电时正在咨询的学生。

得益于留学期间积累的一些能力，以及在工作岗位上的努力付出，胡萌曾获评"江苏省外国留学生教育管理先进个人"称号，获此荣誉，她很是骄傲和开心，觉得自己的工作价值受到了认可。

调任新岗位，开拓新的工作方向

2018年，胡萌老师赴南京信息工程大学长望学院从事教学管理的工作，主要负责教学计划的制订、开课及授课质量的监控以及学生考核等多方面的工作，更加需要耐心和细心。

作为南京信息工程大学的"荣誉学院"，长望学院致力于培养具有国际化视野的拔尖创新人才。基于胡萌老师之前的工作经历和留学背景，在长望学院期间，除了教学管理，她也承担了学院的国际化工作。通过观察，她发现："实验班当时出国深造的学生比例还是比较高的，接近10%，而且由于实验班的学生都是相对优秀的本科生群体，他们对未来的人生规划、职业发展通常有着明确的路径规划，所以对出国留学的关注度通常也是高于其他学生群体的。"胡萌老师认为，这应该归功于长望学院对于人才培养模式的改革与创新，即在学生的入学教育中嵌入了国际化培养模块，校内的大学英语课程也完全替换成雅思和托福课程，在疫情前还组织学生参加学校举办的出国出境冬令营、夏令营和其他长短期交流交换项目，让学生尽早接触到丰富的海外升学资源。为了培养学生的跨文化交流能力，胡萌承担了中外学生共同参加的长望学院"E语桥"跨文化交流活动指导工作。在长望学院期间，胡萌获"留学人员贡献奖"和"校十佳班主任"等荣誉。

胡萌指导的"E语桥"跨文化交流活动

  2023年5月，胡萌老师赴南京信息工程大学大气物理学院工作，虽然她不再专门从事外事工作，但依然感受到，学院内国际化的氛围已经深入人心了。谈到如今学生出国留学的情况时，她说："十几年前刚开始工作的时候，像我一样的留学生很少，而现在，大学生去留学深造已经是非常普遍的事情了。"

  在她看来，南京信息工程大学的高校国际化成果有目共睹，学校的国际化氛围也在一步步提升。"高校国际化本身也促进了高校办学水平的提升，为高校吸引到优质的合作资源，学校的国际化奖学金更是惠及了众多学生，所以说高校国际化不仅仅是一个趋势，也在切切实实地从理念转化为实际行动并不断结出累累硕果。"

  作为教育国际化的受益者，再到高校从事相关工作的老师，胡萌老师感触很深："成为拔尖人才不仅需要扎实的理论基础，还需要宽广的国际视野。看到学生们一个个获得世界名校录取的机会，逐步成长为对社会有贡献的人，我也更加肯定了国际化人才培养的重要意义。"

时鹏

从赴日留学生到大学教师，不变的是教书育人的初心

从日本学成归来，时鹏老师坚守着自己出国前的目标与初心，回归校园成为一名育人育才的高校老师，他最大的理想便是将自己的所知所学一代代地传承下去。

放弃工作录用机会，持续深耕学术领域

其实，在硕士研究生毕业的前夕，时鹏就已经找到工作了，但这并没有阻挡他下定决心选择去日本深造读博。"当时，我手上有两份录用通知，一个是薪资不菲的企业，另一个是既稳定又体面的'铁饭碗'。"之所以做出这个决定，是因为在天津理工大学就读研究生期间，随着自身对学术研究的日渐深入，时鹏越发感受到通过不断接触新的知识，能够更加深刻地探索世间的未知。人生是一个持续学习的过程。"这个过程相当有意思。"他说。

起初，时鹏并没有动过出国留学的念头，决定去日本留学也是偶然。因为天津理工大学和日本香川大学是友好合作关系，所以天津理工大学聘请了香川大学的教授来校招聘博士生。"可以说非常难得，那是临近毕业的时候，我们才在群里突然收到的通知。"他回忆道。在异国他乡学习并体验不同的文化生活，这令时鹏心动不已，留学的想法油然而生。

站在人生的十字路口上，导师和父母都纷纷给予了他最大的支持。基于他在读研期间优秀的科研成果，导师对他在学术方面的潜力颇为认可，鼓励他继续深造，而父母也明确地表示充分的理解。"他们对我的肯定与支持是我最为坚实的后盾。"时鹏说，"确实在当时会听到一些质疑的声音，在不少同学和亲戚朋友们看来，丢掉两份不错的工作机会十分可惜，甚至是略显任性的，但毕竟每个人有各自不同的人生规划和目标。"

日本香川大学，是位于日本香川县高松市的综合性国立大学，多元的文化以及开放的校园环境深深地吸引着他。"经过搜索资料我还发现，香川大学的工学部有着非常雄厚的师资力量，软硬件设施也足以支撑今后专业学习的深度研习，所以我决定一试。"时鹏表示，"另外，考虑到读博的时间成本，相较于国内四五年的时间，日本差不多三年的时间就可以完成学业，这也是去日本留学的一大优势。"

香川大学研发的做乌冬面机器人，功能不复杂但蕴含巧思

赴日留学，在学习与生活中收获成长

递交申请后，时鹏很快便如愿收到了日本香川大学智能机械系统工程专业的录取通知。"这个专业属于交叉类学科，倾向于招收不同专业背景的学生，而刚好我本科就读的是机械专业，研究生则是控制工程。"这也正是博士生导师看中他的原因。

在香川大学学习的过程中，时鹏可谓收获良多。除了日常在实验室"日拱一卒地埋首实验"，他也会跟着自己的导师一同筹备学术国际会议。"会议每年大约会从4月一直持续到8月，组织一场大型的国际会议是一个复杂而具有挑战性的任务，这是非常好的锻炼机会。"因此，时鹏格外珍惜这段经历，并尝试着不断地提升自己的沟通、协调以及统筹能力。"在学术的交流与碰撞中，对更多的文化和价值观的理解，对我今后的教学科研都有着重要帮助。"他补充道。

"在国内上学时，总感觉留学是一件非常麻烦的事情，但是真正去了解留学、筹备留学、感受留学时，发现并没有想象的那么困难。出国前担心的事情，比如文化、语言等，在到达地方后，并没有给我带来过多的困扰。"时鹏说。

"当然，我会遇到饮食上的问题，感觉不适应。"他笑道，"由于学校工学部比较偏僻，周围餐馆比较少，所以我和同学便成了学校对面乌冬面店的常客。菜品种类不多，口味清淡，久而久之，还是更怀念祖国的家乡菜。"

时鹏留学时与同学们一起共赏樱花

归国任教，让知识薪火相传

2022年，时鹏顺利完成了博士学业，回国寻求工作机会。他希望投身于

走进高校：创新人才培育摇篮

中国高校的教育工作，做到在深耕专业领域的同时，将多年来的所学知识与技能"回馈给中国的学生"。时至今日，在河南科技大学医学技术与工程学院任讲师一职的他已然送走了一届学生。"育人、育才，这种自豪的心理在我心中是任何职业都难以比拟的。"时鹏老师心潮澎湃地说。

秉持着"一颗不断传承的心"，在日本所感悟到的教学方式，时常体现在了他的课堂教学里。

香川大学注重将所学知识，通过生动有趣、浅显易懂的方式教授给学生。在校园开放日里，学校甚至会邀请当地的小学生来到实验室进行参观游玩，"我们必须用最浅显易懂的介绍，来让小朋友们明白我们在做什么，这样才能激发他们对科学的兴趣"。所以，时鹏老师也很注重课堂教学的展示方式，"要足够接地气，要培养学生的好奇心"。

在他的心中，在传授知识的同时，能够引发学生主动思考尤为重要。"我不会直接告诉学生一个问题的答案，而是鼓励他们自由思考，并通过引导，帮助他们自己探寻出问题的答案。"

除此之外，区别于国内大部分高校实验室的教学模式，时鹏老师经常会鼓励自己的学生培养早读自习的习惯。这也是之前在香川大学实验室里，教授对他的培养方式之一。时鹏老师回忆道："当时，我们实验室每天都有两个学生准备早读。早读的同学需要准备 PPT，自拟主题，使用英语或者日语进行简短的发言。老师每天都会准时到达，耐心倾听，并针对我们发表的内容展开提问与交流。"这种形式，不仅可以在潜移默化中培养学生的自信心，还能够提升他们的个人表达能力，这些在学生之后的学习、就业乃至个人发展中都尤为重要。

"和学生一同走向世界的中心"

谈及对学生们的希冀，时鹏表示，希望他们首先要想明白自己今后要做什么，或者说想要取得一种怎样的成就，甚至具体到想要落脚在哪一座城市。有了一个明确的目标后，再去有针对性地学习相关的技能。与此同时，不断地调整和扩大自己的知识面。比如生物医学工程不仅需要学生具备工程学的专业知识，还要求学生持续性地输入医学知识，进行补充。而得益于留学为自身所带来的提升与成长，时鹏老师肯定地表示自己会建议学生有机会一定要出国去看看。

"当前国内考研的压力越来越大，选择留学是拓宽自己人生道路的一个不错的机会。"他说，"而且世界很大，有很多东西需要你去亲身体验，亲自感悟。如果长时间地待在自己熟悉的舒适圈里，很可能就会形成一种固定的思维。在不同的环境中，体会不同文化的碰撞，相信你会对世界有一个更加崭新的认识，锻炼自己独立思考的能力。"

此外，随着国家对外开放水平的不断提高，不难看到全国各大高校都愈加重视国际性的交流与合作。在过去，国家还没发展起来的时候，我们是把学生送去海外学习先进的经验，现在我们国家发展起来了，会有其他国家的学生来到我们这学习提升。"如何继续将孩子们送出去，开阔眼界，以及如何培养来华学生，这些都是作为高校老师的我们应当思考的问题。"

高校国际化最终的落脚点还是一线的教师们，留学归来的教师将他们在国外的所知所学融合到国内的课堂里，把优秀的培养方式与国内教育结合起来。"唯有如此，才能同学生携手一起走向世界舞台的中心。"时鹏老师如是说。

周珊珊

立足中国，放眼世界，为更多师生推开通往世界的大门

在重庆外语外事学院从事国际交流工作十余年来，周珊珊老师感觉自己的视野更加开阔，可以站在更高的视角上去观察一所学校的教育，甚至是一个国家的教育。从英语专业老师到国际交流工作从业者，周珊珊老师深刻感受

了不同国家的教育模式和教育设计，对此，她说："我们国家的快速发展得益于与世界的交流，我相信未来也是，我也希望能帮助更多的老师和学生打开连接中国与世界的那一扇窗。"

投身教育事业，做授业解惑之人

孩提之时，周珊珊就立下志愿，希望自己未来能成为一名老师。上学期间，看着讲台上老师给同学们传授知识，答疑解惑，她羡慕不已。"小的时候最喜欢做的事情就是在黑板上写写画画，偶尔还会帮忙带带亲戚家的小孩，跟他们交流相处特别开心，他们也很听我的话。后来觉得这可能是自己的长项，就想往这方面发展。"周珊珊老师笑着解释道。

也是基于这样的夙愿，周珊珊进入四川外国语大学英语专业教育方向接受本科教育，随后又考入重庆大学行政管理专业修读硕士。之所以在当时做出这样的选择，她有着更长远的目光，"我在本科毕业的时候就意识到只是会一门语言远远不够，我需要补充其他方面的知识，来进一步拓宽自己未来的出路"。彼时，关于复合型人才的需求和定义尚未被提出，但周珊珊已经在为自己的未来做出了考量。

2007年，周珊珊进入重庆外语外事学院，从事英语专业教学工作。站在三尺讲台之上，她年少时的梦想已圆。在从事教学工作期间，她全心全意为学生们提供包括听、说、读、写、笔译、口译等各类课程，也收获了很多赞誉。但随着时间的推移，她也会想自己是否一直要在专业教学这方面持续深耕。"我后来也想过，如果自己只在英语教师这个方向上发展会是一个什么样子。我其实也能接触到国外的文献，也能够看到国外的高校、学校都在做什么样的教育，但可能只是在教学的维度。自从从事了国际交流工作之后，我觉得我的思维更加清晰透彻，我会了解各个国家的教育体系、考试系统，对他们的人才培养方式也都有一定的研究，这对我的职业道路来说，是有非常深刻的影响的。"周珊珊老师回忆道。

周珊珊从重庆大学研究生毕业

在周珊珊老师为自己的职业道路思考之时，随着中国的和平崛起，汉语已经大踏步走向世界，对外汉语教学也实现了向汉语国际教育的全方位转型。也是在那些年，原来的国家汉办，即现在的教育部中外语言交流合作中心不断开拓连接海外院校，设立孔子学院和孔子课堂，一时间，全世界人民学汉语的热情高涨。

顺应方兴未艾的汉语学习热潮，自2008年起，美国密歇根州立大学教育学院与旗下孔子学院合作开办TSC汉语教师项目（TSC，即Teacher、Student、Citizen，代表了TSC学员在美国的三重身份——汉语教师、国际学生和国际公民）。参与这个项目的学生或学者在完成教育学硕士课程学习的同时，还可以考取密歇根州汉语教师资格证，学习期间还可以在当地中小学任教。

周珊珊老师对这个项目很感兴趣，她也很希望借此机会去国外看看，看看他国的教育方式与理念。

赴美访学，感受国际教育魅力

2010年，周珊珊老师以访问学者的身份前往美国密歇根州立大学进行教育学方面的学习和研究。虽然只有短短的一年时光，但她不仅体验到更多美国当地学校的教育方式和理念，更为当地中小学生对汉语的热爱动容。

"我还记得当时有个一年级左右的小女孩，会给我写一些自己学到的汉字，比如说花草树木啊、狐狸、猫、鸭子等。我能感受到她对汉语的热爱。"周珊珊老师回忆道，"我们还组织了一场中美联合的春节联欢晚会，我们华人的孩子会表演一些西方的戏剧，美国当地的孩子会演唱《茉莉花》等中国歌曲，晚会更像是一场东西方文化的碰撞。"

在美国学习期间，她了解到英国夏山学校"纵之顺之，毁其盆，悉埋于地，解其棕缚"的教育理念，这所学校致力于赋予学生学习的真正自由，从而激发他们学习的自驱力；了解到美国新泽西高科技高中旨在培养学生创业精神和技能的办学模式，这所高中鼓励学生通过制作真实有用的产品来获得更深层次的学习经历；她也深入研究了美国凯特琳大学在职业教育方面的教育模式，这所大学鼓励学生接触真实的社会，鼓励学生将大学期间的一半时间用于实习，将所学到的知识与技术真正应用到实际工作中，同时还会让学生参与全球化企业的活动，提高他们的全球胜任力。

这些教育理念和方式是周珊珊老师此前鲜少了解和接触过的，她直言："做访问学者让我的视野更加开阔，也更能体会到国际交流对个人、学校乃至国家的重要性。我觉得国际教育带给我一种创新的思维，在高校教学设计、教育布局理论方面给我指引了一个方向，它起到一种借鉴的作用。我们要把眼界给打开，去看看世界各地的人们都在做什么。"

从事国际交流工作，让中国教育融入世界思维

2011年，周珊珊老师回国返校，从英语老师转而参与到学校的国际交流工作当中。彼时，重庆外语外事学院的国际交流架构已逐步搭建完成，正处

于蓬勃发展的时期，亟须注入新鲜血液。"我当时也正好对国际交流这方面很感兴趣，就加入这块工作中了。"

重庆外语外事学院成立于2001年，前身是四川外国语大学重庆南方翻译学院，在2003年被教育部批准确认为独立学院。也是自这时起，重庆外语外事学院开始广泛与海外高校开展国际交流与合作。截至今日，已经与40多所海外院校建立了种类繁多的国际交流项目。

重庆外语外事学院与米兰诺瓦拉 ACME 美术学院国际合作项目签约仪式

作为一所外语类院校，重庆外语外事学院在发挥外语学科潜能，提升国际传播能力方面具有独特优势。外语不仅有工具属性，更蕴含着丰富的人文价值，在培养学生跨文化交流和文化互通互鉴能力方面具备优越性。"我们校领导也是秉承这样的一个宗旨，就是说我们既然是学外语的学生，就不能只把外语当作语言，更应该了解其所在国家的文化，因此学生的实地体验是非常重要的，我们鼓励每一位学外语的学生都有国际化教育的这种体验和经历。"周珊珊老师表示。

除了鼓励学生赴海外实地交流，重庆外语外事学院也非常重视学生的"在地教育国际化"。尤其是近几年受到疫情的影响，很多学生的短期交流项目受到影响，为了能够更好地让学生感受国际教育的魅力，周珊珊老师团队联系合作院校的教授通过在线的方式为学生授课。他们还为音乐学院的学生举办了一次意大利米兰音乐学院的国际文化周，在这一周的时间里，学生可以通过线上的方式领略米兰音乐学院大师们的直播教学，同时还请来了美国佛罗里达大学音乐学院指挥系的教授来现场指导学生，最终呈现出了一场美妙的音乐盛会。

周珊珊老师（前排左一）代表院校接待美国佛罗里达大学音乐学院指挥系教授

"对于国际文化周或者类似这种国际交流的项目，我们希望每年都能做出一些创新和变化。"周珊珊老师介绍道，"疫情这几年，我们很多项目基本都停掉了，现在逐步开始恢复，我们也希望能够注入一些新的元素，复苏学生和家长对国际交流的兴趣和信心。"

在她看来，现在的学生对留学的态度和方向与她那个年代完全不同。"在我们那个年代，学生们大多是用一种仰视的视角来看待他国的教育。"而随着我国国力的不断增强，国际地位不断提升，现在的学生们更多是以一种平视的眼光来观察别国的教育方式和理念，遵从自己的内心，明确了解自己究竟想学一个什么样的专业，想获得一个什么样的留学体验。

"从事国际交流工作，我觉得并不是说我们要游说学生出国。我们是希望带给学生对这个世界更加真实的感受，让他们亲耳听到、亲身体验到这个世界的广阔和真实。这段在他们年轻时候所拥有的经历，能让他们的视野更加开阔，相信也会对他们的未来产生深刻的影响。"周珊珊老师总结道。

尼采曾经说过："体验是成长的一部分。"因为自己亲身体验过这个广博的世界所带来的精神震撼，所以周珊珊老师也希望自己的学生们能够有机会出去看看这个世界的辽阔，用心去体会，用双眼去印证这个世界。

唐智余

从留学生到国际处教师，在高校国际交流合作事业中发挥光热

作为一名曾经的留学生，留学对唐智余来说意味着自身的独立和成长。现在，作为一名在高校国际合作与对外交流处工作的老师，他所希望的是，把自己在留学中获得的经验传递给孩子们，鼓励他们去看看更大的世界。

留学，在成长中伴随前行

与大多数人的留学轨迹不同，唐智余在筹备留学的时

候，选择了去相对小众的马来西亚就读本科，这主要源自家庭的影响。

从他记事儿时起，母亲便在政府的外事办公室工作，每年都会因为工作出国一两次，他最为期待的就是，母亲回来之后向他讲述出差的有趣见闻，这让年幼的他对于国外的大千世界有了初步的认知，也令他心驰神往。在潜移默化的影响下，他对英语这门学科的学习相比其他学科来说更加得心应手，英语也逐渐成为他的优势学科，成为他之后留学的"前置条件"。

高中毕业以后，在父母的支持和筹划下，唐智余怀揣一颗忐忑不安的心，踏上了独自去国外学习的旅程。提及为何要选择马来西亚时，唐智余很干脆地回答道："当时主要考虑到留学的费用，相比其他的留学热门国家，马来西亚会便宜一些。"

然而，对于此前没有出过国、当时才刚刚成年的唐智余来说，独身一人在国外生活并非易事。飞机刚落地马来西亚海关，由于他乘坐的飞机时间延误，他没能在马来西亚首都吉隆坡赶上衔接的下一班飞机，他便预感到，接下来几年可能会经常面临这样毫无准备的突发情况。就这样，到达马来西亚的第一天，他便遭遇了从未设想过的慌乱。人生地不熟的他既没有零钱，也没有电话，他只得滞留在机场，稀里糊涂地先将人民币换成了当地的货币，再换成零钱，用投币电话打回国内求助母亲，请她帮忙重新订了一张机票。唐智余回忆道："当时我是第一次出国，遇到了这样的情况，整个过程就很懵懂、很迷茫，但最后还是顺利解决了。"

唐智余本科就读于马来西亚理科大学环境技术专业，在年轻人的世界观、人生观、价值观普遍完整树立的大学时期，他还经历了语言、学习环境的重新适应。由于环境的陡然转变，以及高中与大学学习方式的差异，他在进入大学以后的学习成绩并不是特别理想。但唐智余想得比较开，他认为适应马来西亚的生活和学习是一个循序渐进的过程。他耐心地沉浸在当地人的语言环境中，慢慢摸索适合自己的学习模式，足足花了两个学期的时间才完全听得懂、跟得上课程，成绩也就自然而然地提升上去了。

马来西亚理科大学校园

自学，是受益终身的技能

在毕业之际，唐智余对未来有自己的规划，他觉得自己在环境领域的能力有待提升，决心进一步深造，为将来的职业发展开拓更多空间和机会。由于喜欢美国的文化和生活方式，同时渴望在全新的环境中完成一次留学的旅程，他将研究生就读的目的地定在了美国。

2014年，唐智余如愿来到美国新泽西理工学院，攻读环境工程硕士。经历过4年的国外本科生活，再次来到一个全然陌生的环境中，他已经没有4年前那种忐忑、局促的感觉。初到美国他便觉得"如鱼得水"，不仅是因为一口流利的英语，还因为他已经完全适应并掌握了国外学习的技能——自学。

国外学者的讲课方式比较随意，唐智余说："不会像国内大学老师那样事无巨细地讲清楚，老师们都有自己的一套上课方式，比如经常有老师在课堂上念三小时的 PPT。"当然这种授课方式并非所有学生都能够受用，"实际上一节课下来不知道自己究竟能够掌握多少"，因此在更多的时间里，他需要靠自学才能巩固、掌握专业知识。在新泽西理工学院，研究生课程被设置在晚上开课，白天则是留给本科生学习。当时唐智余便在每天晚上按照学院的要求听老师讲课，白天在图书馆自学巩固，一整天都在学习之中度过，相当充实。他自豪地说："整个留学期间，我学到的东西有 70% 都是来自自学。"谈到留学最大的收获时，他仍然认为，自学是他在留学期间培养的最重要的能力，也是一项贯穿人一生的技能，令他受益匪浅。

新泽西理工学院校园

新泽西理工学院位于市中心，环境优美、绿树成荫，是一所完全开放的学校，学校的建筑物与城市深度融合，没有任何围墙或者大门将其与外界隔离开来。这也是这所学校最吸引唐智余老师的地方，他表示："学校比较小而精，从东到西步行只需要 5 分钟，教学和生活设施也非常完善，所以在这里生活和学习很便利和舒适。"

回国，与教育事业结缘

2016年年底，唐智余完成了在美国的研究生学业，回国寻求工作机会，他迫不及待地投身于市场中，在实践中锻炼自己的能力。

最开始，他仍然从事与专业相关的环保科技工程的工作，然而在职场中，他却觉得没有实现自身价值，他坦然地表示："国内企业的管理模式并不是我所认同和欣赏的。"他在寻觅着新的、更合自己心意的工作机会，恰好在当时，他发现一所年轻的学校——茅台学院正在面向社会招聘教职员工。彼时茅台学院刚成立一年有余，正是吸纳人才之际，他抱着试一试的态度去应聘，经资格初审、笔试、面试等一系列流程，最终与茅台学院选择了彼此。

随着一流大学和一流学科（即"双一流"）建设水平的不断提升，高等教育国际化已经成为各高校的发展战略之一，茅台学院也因此成立了相应的国际合作与对外交流处，以促进学校教学、科研和管理水平的提高，提升国际知名度。由于唐智余的国外留学经历、能力和个人意愿，至今他已在国际合作与对外交流处工作三载有余。

茅台学院师生参加贵州大学国际教育学院举办的留学生文化交流活动

提到茅台学院对外合作交流的基本情况时，他表示有些遗憾："因为学校 2019 年才成立，但 2020 年年初就遭遇了疫情，所以这期间都是通过线上的方式来实现对外交流的。"截至 2023 年 6 月，茅台学院已与包括华盛顿州立大学、法国南特高等商学院在内的 6 所国外高校签署了合作协议备忘录，不间断地开展学术讲座、科研等方面的交流。

除了在国际合作与对外交流处工作，唐智余老师还"重操旧业"，回归"老本行"，承担起部分资源环境系的教学工作。其中，他带的一门课程叫作"产教融合"，不仅教授学生书本上的知识，还亲自带学生实地参观访问当地的企业，以及让学生通过实验或者项目设计的方式自己动手来完成项目。他补充道："这样的课程主要是为了切实帮助学生提高他们自主学习的能力和实践能力，在今后求职就业时也利于他们更快适应工作岗位知识的变化。"

"高校教师是国际化人才培养的引路人"

在茅台学院，国际合作与对外交流处的职能并不仅仅在于提升学校国际化水平，还在于为学生提供出国留学的资源、了解留学的渠道等，帮助有意愿留学的学生完成他们想要成为国际化人才的愿望。本着这样的目的，唐智余工作的国际合作与对外交流处专门成立了一个国际文化交流协会，协会在平时会通过开办留学沙龙或讲座、英语学习活动的形式，传播国际教育理念，以提升学生出国留学的兴趣。

唐老师作为协会成员，不遗余力地为学生们的国际化意识提升奔走，他的身影经常出现在大大小小的留学沙龙和讲座中，为他们讲解出国留学需要做的准备、流程等，间或分享自己在马来西亚和美国丰富的留学经历。

但对于国际合作交流尚处于起步阶段的茅台学院来说，整个学校的国际化氛围还没有发展得那么浓厚，在国际化水平提升方面还有很长的路要走，这也是唐智余老师工作 3 年最直观的感受。他解释道："其实学生对于学历提升的意愿是不太充分的，包括国内考研的也比较少，大家都更倾向于毕业之后就业。有些学生来参加我们的讲座时，其实也是带着兴趣来参加的，也会很踊跃地提问，但是活动过后就没有把留学真正落到实处。"因此，茅台学院这两年 900 多人的毕业生中，只有 1 位同学最终实现了出国读研。

对此，唐智余与国际文化交流协会的同事们做过相应的调研，他们计划未来开展相关活动时，从大一起就尽早培养他们深造和留学的意识。"另外也需要联动学生的家庭，毕竟留学还是需要家庭的支持和资助的。"唐智余老师希望今后的工作能够在这两个方面有所改善和进步。

谈到"高校国际化"这个话题时，唐智余老师也结合自己的个人发展经历表达了他的看法："高校国际化是高校的职能之一，任何一所高校都必须将其放在最顶层设计的层面。在我们学校的环境中，不论是一线讲课的老师，还是像我这样的行政老师，在学生日常的学习生活中是能产生较大的影响和起到引导作用的。如果老师没能发挥自己在国际教育方面的影响力和引导作用，学生便不会有这样的想法。"

他认为，高校教师必须发挥自己"引路人"的作用，在日常教学中表达他们对高校国际化的认识，才能向更多学生普及国际教育的理念，帮助他们走上国际化的道路。这也是唐智余老师作为一个曾经的留学生、现如今的高校老师最衷心的愿望。

韦可儿

在英读硕坚定学术信念，三尺讲台做知识的播种者

在英国硕士深造的过程中，韦可儿深切感受到了研究生教育与本科教育的极大区别，同时也给予了她学术科研方面的启发。学成回国之后，她返回家乡成为高校的一名教职员。同样地，身为留学前辈的韦可儿老师，在一线教学时，她除了向学生进行知识的传授，还会针对他们在准备留学过程中遇到的问题耐心地疏导解答。

"从小就梦想着去香港"

童年时期，最令韦可儿印象深刻的就是能够经常陪着

父亲去香港工作。记忆中,那里既有中国传统习俗文化的保留,也有着一些西方思想的掺杂,还有宜人的气候、繁华的商场……韦可儿深深地喜欢上了这座城市。"自那时起,我便暗下决心,等长大了我要来香港学习或工作。"她说。

所以,在高中时,韦可儿就开始早早地了解香港高校的招生方式。与内地院校的统一招生机制不同,香港的大学针对内地高考生通常采取自主招生的政策,即接受高考生通过内地本科生入学计划申请,再进行择优录取。"一般来说,香港院校会要求你的高考分数要达到各省市一本线及以上,英语要在120分及以上,还需要参加面试。"韦可儿补充道。

出于对金融专业的热爱,韦可儿很快便将目光锁定在了香港浸会大学的金融学专业。"金融专业涉及了很多丰富的知识内容,如资本市场、投资、风险管理、企业财务等,有着很好的就业前景。所以不难发现,在每一年高考填志愿的时候,金融专业总是最热门的专业之一。"而作为香港首屈一指的公立大学,香港浸会大学的文商科有着很高的含金量。

香港浸会大学留学期间的韦可儿

2017年，在扎实的成绩以及优异的语言能力的加持下，韦可儿顺利被香港浸会大学录取。其中，她的父亲功不可没。"从小，父亲就对我们英语抓得比较严，在幼儿园时就让我跟着外教学英语，也时常会督促着我和从国外回来的亲戚朋友用英文对话。"所以，当面对招生官的英文面试时，她丝毫没有怯场，并发挥得很出色。

也正因为这样一口流利的英语，即便是在开学后全英文教学的课堂里，她也能够应对自如。"可以说，我是适应得非常快的留学生了。"韦可儿笑着说。

赴英留学，发掘学术的热爱

在香港浸会大学读书的日子，四年的本科时光飞逝，韦可儿也总结出了一套最适合自己的学习方法。在很多人看来，专业学习难度很高的金融学专业，她却觉得"并没有学得很艰难"。

在香港浸会大学图书馆

"'效率'二字，就是我学习方法核心的关键词。"韦可儿说，"一定要抓住上课的时间，认真听讲，这是高效学习最重要的环节。"等到课后，再抽出集中的时间尝试着自己去摸索和总结，并在考试前回顾一遍笔记与课件，如此才能真正地把书本上的专业知识点变成自己的。正如韦可儿提到的：这样即便第二天要考试，你也会非常地自信，并不会因为考试的压力而产生焦虑的心理。

为了进一步提升自己的学历，感受异国的风土人情，2020年的冬天，手拿荣誉学士学位的韦可儿开始准备海外硕士申请。"当时的目标很清晰，我希望自己在工作前还能够有一大段的时间用于专业领域的深度学习。"经过了一段时间的投递申请后，基于优秀的成绩绩点，她欣喜地收获了英国伦敦大学学院商业经济学专业的硕士 offer。"

商业经济学相较于韦可儿本科期间的金融学专业并不算完全意义上的跨专业，经济学是一门基础性学科，数学是它的基底，而该专业其实就是经济学与金融商务方面的结合。"简单来说商业经济学是一个典型的交叉学科，包含了经济、贸易、文化、传播、管理等多个学科领域。一般来说，从这个专业方向毕业后，可以从事数据分析师、市场调研分析员、证券分析师等工作，十分契合我最开始的职业规划。"

在伦敦大学学院深造的过程中，对比曾经的本科教育，她感受到了研究生教育与本科教育间的极大区别，同时也给予了她学术科研方面的启发。正如她提到的：虽然中国香港和英国的教学体系都属于英联邦教育体制，但在硕士人才培养上，英国学校更加注重对学生逻辑思维能力的训练，以及发现问题和解决问题能力的激发。"不断积累的研究经历最终启发了我在学术领域上的兴趣，我期望能够继续深耕在我的专业领域中，那些深刻的专业名词，其背后的规律趋势，以及在实际中的证实与印证，令我深深着迷。"韦可儿如是说。

伦敦大学学院主楼

回国，在高校任职助理导师

2022 年，结束了在英国为期一年快节奏而充实的研究生生活后，韦可儿毅然决然地回归家乡，在高校任教。凭借着突出的学历背景，以及丰富的留学经验，现如今她任职于北京师范大学—香港浸会大学联合国际学院的工商管理学院。

"我们学校是首家内地与香港高等学院合作创办的大学，也是内地第一所新型博雅大学，致力于培养专业知识与综合素质双修、家国情怀与国际视野兼具的新时代学子。"韦可儿老师向我们介绍道，"这与我个人的教育观念非常契合。"

在担任助理导师的过程中，她发现，现在的学生越来越努力，个人目标也越发清晰明确。"他们大多数人都知道自己在未来想要什么。"但韦可儿老

北京师范大学—香港浸会大学联合国际学院校园风景

师也表示，凡事都具有两面性，过于聚焦一个目标，会使自己在进步和上升的过程中"太过功利性"。

身为助理导师，她的工作主要是辅导本科生的习题课，负责学生作业的批改及辅导。很多时候他们所激烈探讨的问题，已经不是"老师这道题该怎么做，为什么这么做"，而是"老师，我觉得这道题您给的分少了，我应该拿多少分"。而针对这个现象，韦可儿老师想说的是："在中国香港以及英国的高校里，教授打出的分数是基于非常严谨、严苛的评分标准的。虽然当下的学历竞争越发激烈，分数往往是考试、申请的一块'敲门砖'，但我们不应当忘记自己的学术初心，我们需要具备的是探究知识背后原因及规律的能力。"

除此之外，她也很喜欢鼓励自己的学生敢于在课堂上发言和提出问题。"积极性和主动性的培养也尤为重要，要学会勇于展示自己，这在今后无论是求职，抑或是持续性提升学历都将成为你脱颖而出的助力。"

韦可儿老师在招生咨询中解答家长疑问

"吾生也有涯，而知也无涯"

作为留学前辈的韦可儿老师，也时常会给学生做一些留学相关的咨询。"我们学校每年出国留学的学生有很多。"她解释道，"因为我们学校其实是一所合作办学的学校，有很多的国际交流项目，比如暑期交流、交换生项目等。"

对于来找她谈心的学生们来说，韦可儿老师经常会提到的也是"不要过于看重一纸成绩"，决定你能否被心中理想的院校录用的，是你各方面的综合能力以及技能的表现。"可以多多尝试在课余时间参加一些与专业密切相关的项目，或是去企业公司实习，将书本上的知识真正地转化为实践。"

此外，韦可儿老师也希望学生们能够借着学校提供的国际院校间的交流机会，利用假期时间，去国外亲身体验当地的教学模式和生活环境。"这样，在之后决定留学时，你的心中才会更明确地知道自己是否真正想要留学、适合留学。"

《庄子·内篇·养生主》中提到："吾生也有涯，而知也无涯。"如今，已然成为一名高校老师的她也在不断地提升自我。采访时，韦可儿老师正在筹备香港地区大学的博士申请。"如果能够顺利申请上，大概需要再花费四年的时间。"她说，"不过，我并不在乎在学业深造上所花费的时间成本，毕竟活到老，学到老，时代在不断变化，知识也在不断更新，我需要和我的学生们齐头并进。"